ゴルフのトップコーチが教える

スウィングの真髄

ツアープロコーチ
辻村明志

日本文芸社

はじめに

みなさん、はじめまして。プロコーチの辻村明志《つじむらはるゆき》です。このたび、日本文芸社から、私の考えをまとめた本を出版させていただくことになりました。

ただ、最初に断っておきますが、本書は世の中にあるこれまでのゴルフレッスン書とは、少し趣の違う本になっています。

というのも従来のレッスン書は、体やクラブの動きを中心に、理想的なスウィングを追い求めるものがほとんどでした。

もちろん私が追究しているのも理想のスウィングです。主にプロゴルファーを指導するコーチとしては、選手とともに勝つため、勝てるためのスウィングづくりは宿命といってもいいでしょう。

ただ、そのつくり方の軸となっているのが、目で見ることのできない「氣」です。氣などというと、なんだか古臭く、非科学的で宗教じみた匂いを感じる人もいるでしょう。そもそも新字体の「気」ではなく、旧字体で「氣」と書くところに、胡散臭さを感じる人がいるかもしれません。

　しかし、気ではなく下に「米」と書く「氣」は、体の隅々まで、それが充ち満ちた状態をさし、それこそ「氣」の本質を表しています。なぜなら私たちは元気、勇気、根気、強気、ときに大事なところから目をそむけて浮気したり、ときに怠け者の本性が出てやる気がなくなったりする動物なのですから。

　氣の存在と、その重要性を教えてくれたのが、故・荒川博《あらかわひろし》先生でした。王《おう》貞治《さだはる》さんに一本足打法を伝授し、世界のホームラン王に育てた名伯楽です。先生とのご縁とご指導をいただき、私のゴルフは大きく変わりました。わずかな時間でしたが、私は先生の最後の弟子を自認しており、その卓越した指導のわずかでも後世に伝えるのが使命との思いで本書を書かせていただきました。

令和元年12月　　　　辻村明志

ゴルフのトップコーチが教える
スウィングの真髄

目次

第2章 氣のスウィング理論
～氣で打ち飛ばす、氣のゴルフ～

PROLOGUE

野球界の名伯楽、荒川博との出会い

インタビュアー
・
大羽賢二（スポーツライター）

コーチとしての自信を完全喪失……。救ってくれたのが荒川先生だった

大羽　今シーズン（2019年）は上田桃子《うえだももこ》プロが2勝、小祝《こいわい》さくらプロが初優勝するなど、チーム辻村は絶好調ですね。

辻村　絶好調とまではいきませんが、みんな頑張ってくれています。ようやく荒川博《あらかわひろし》先生の遺伝子が、選手たちに伝わってくれたのかな、と思います。

大羽　その荒川先生との出会いについて、あらためて教えてください。

辻村　最初は『週刊ゴルフダイジェスト』誌で連載されていた、荒川先生と片山《かたやま》（晋呉《しんご》）先輩との連載対談です。大羽さんの企画でしたよね。

大羽　昔から王（貞治）さんを育てた独自の指導法には興味があって、それをゴルフの世界でも応用できないかと思っていたんです。

辻村　あの連載はプロや関係者の間でも評判で、ボクも興味深く読んでいたたん

です。

大羽 恐縮です。

辻村 それは桃子も一緒でした。忘れもしません、2016年5月17日です。オープンウィークで、桃子が千葉の練習場で練習していたところに、ひょっこり大羽さんが顔を出してくれたんです。

大羽 当時、上田プロは明らかに悩んでいましたからね。驚かして、笑わそうと思って。そしたら彼女が「晋呉さんと、あの王さんを育てたというなんとかいうお爺ちゃんの記事、大羽さんが書いてるんでしょ?」って。後に生涯の師匠と呼ぶ先生に向かって、なんとかいうお爺ちゃん(笑)。

辻村 でも、その会話のすぐ後に、大羽さんの携帯に先生から電話がかかってきたわけです。それで桃子が電話をかわって、次の日に会うことになったんです!

大羽 いま思うと、たしかに運命的なものを感じたよね。トントン拍子で翌日、会うことになったわけだから。

藁《わら》にもすがる思いで、すがりついた「氣」

辻村　当時、桃子は絶不調で、ボクもそれを救ってもやれないことに、コーチとしての限界を感じていたところでした。翌日、大羽さんに連れられて先生に会ったわけですが、正直、藁にもすがる思いで会ったんです。

大羽　荒川先生の初対面の印象はどうでした？

辻村　ビックリすることだらけですよ。最初は割り箸で名刺を斬ってみせるんですが、これはもう大変なところにきちゃったぞ、と（笑）

大羽　だろうね。先生は名刺1枚で割り箸を3膳、つまり6本も斬るわけだけど、辻村コーチも上田プロも、ただただ名刺が折れるばかり（笑）。

辻村　ええ。これが氣だ、と。ただ、最初は何をいってるのかまったくわかりませんでした。桃子も目を白黒させていたし。ただ先生が王（貞治）さんの一本足打法の格好をして、どこからでも押してみろ、と。

大羽　そうでしたね。でも体重が90キロ近い巨漢の辻村コーチが押しても引いても、両ヒジを持ち上げようとしてもまったくビクともしない。

辻村　でも、ボクや桃子がアドレスすると、先生は指1本でボクたちを倒してしまう。ボクなんか合氣道の技をかけられたんですが、まったく身動きがとれませんでしたから。当時、先生は84歳で体を壊されていたとか。

大羽　うん。当時、先生の心臓は半分しか動いていない状態でした。あるホテルで対談したとき、私の肩に手を置きロビーからタクシー乗り場まで歩くんだけど、30分以上かかったほどだもの。車椅子を借りてきましょうか、というと、「そんなカッコわりいことができるか！」と、怒鳴られましたけど（笑）。

辻村　そうだったんですか。ボク的には氣についてては、まだ半信半疑でしたけど、ただ者ではないことはわかりました。それは桃子も同じだったと思います。

大羽　でも先生の教えは、科学万能のいまのスポーツ界にはそぐわないし、まして野球の専門家である先生に教えを請うのは勇気がいったんじゃない？

辻村　たしかに。でもボクも桃子も、藁にもすがる思いだったんです。

「桃子を優勝させ、ツジを日本一のコーチにする」

大羽　たしかに先生はゴルフのプロではなかったけれど、70歳代後半から80歳代前半は2回に1回はエージシュートするほどの腕前でした。あらゆる方法を駆使して野球の打撃理論を突き詰めた人だから、巷《ちまた》にあるゴルフのスウィング理論に関しては一家言持っておられるのもたしかでした。

辻村　それはボクも指導を受けるようになって、すぐにわかりました。荒川先生というと目に見えない氣ばかりに注目されますが、意外といったら失礼だけど、その教えは非常に論理的というか科学的というか。

大羽　そうですよね。そのノートを見せてもらったことがあるけど、とにかくその勉強ぶりは半端ではありませんでした。野球にせよゴルフのスウィングにせよ、生涯をかけて打撃の本質を追求した人でもありました。

辻村　そうなんです。それと人間的な魅力もあって、どんどん引き寄せられていくというか。それで試合が終わった翌月曜日には、ほぼ毎週、桃子の練習を見てもらうようになり、ボクは試合後、毎日、先生に桃子の様子を電話で伝えてアドバイスを受けていました。

大羽　実はいまだから話すけど、辻村コーチと上田プロが先生の指導を受けるようになって、私は先生と４つの約束をしたんですよ。

辻村　どんな約束ですか？

大羽　ひとつは先生の指導で、上田プロを優勝させてほしい。そのために先生の学んだ合氣道の道場に連れていってもらうこと、王（貞治）さんに会わせていただいて話を聞かせてもらうこと、そして最後が「辻村コーチを日本一のコーチにしてください」でした。

辻村　そうだったんですか。10月には王さんにお会いし、12月には合氣道の道場で師範の演舞も見せていただきました。

大羽　合氣道の道場に行ったのは、最終戦のリコーカップ翌日の月曜日。その年、上田プロは未勝利でリコーカップには出られなかったから。

辻村　はい、そうでした。その後にステーキハウスで食事しましたが、それがボクたちが先生とお会いした最後になりました。

大羽　食事後、先生をご自宅まで車で送っていったんだけど、そのとき、先生は後部座席でこういったんです。「大羽、俺はお前との約束は全部果たしたぞ。やることはやった。あとは桃子が勝って、ツジが日本一のコーチになるだけだ」と。それが私が先生と交わした最後の会話でした。

辻村　そうだったんですか。先生はその1週間後に急逝されて……。その日は桃子とボクの指導のために、神宮の練習場に来てくださる予定だったんです。ところがいつまで経っても来られないから、桃子が先生の携帯に電話をすると……。ボクの日本一のコーチはともかく、先生のご存命中に桃子の復活優勝を見せてやれなかったのだけが後悔です。

大羽　でも先生は満足していたと思うよ。というのも先生は、「俺は巨人のコーチを辞めてから45年間死んでいた。それがゴルフという、世界は違っても片山と上田、辻村が俺のところに来てくれた。あいつらを教えて死んでいけるなら本望だ」とよくいっていたもの。

辻村　先生がお亡くなりになった後、弟さんから見せていただいたノートに、そう書かれていました。

大羽　7月に千葉のゴルフコースで、練習を見てもらったことがあったじゃない？　あのとき先生は巨人の帽子をかぶってきた。あれは、王さんを真剣に指導していた時代に戻る儀式というか、意思表示だったと思うんです。実は帰りの車中、先生は指導中には見せなかった苦しそうな表情で後部座席で寝てしまったんだけど、そのとき口にしたのも「いいか。桃子にもツジにもいうな。2人を教えて死んでいけるなら俺は本望だ」。

辻村　そうだったんですか……。

大羽　それにしてもチーム辻村の面々は絶好調だけど、具体的に荒川先生の教えが生きている部分はあるのかな？

辻村　あるどころか大ありですよ。具体的なスウィングや練習の方法もそうですし、あらゆる指導の場面で「荒川先生ならどう教えるかな」とはいつも考えています。またきちんとノートを取るようになったのも、荒川先生の影響です。王さんを教えているときのコーチ日誌は本にもなっていますが、その迫力には圧倒されます。指導する選手とは、時間をみつけては先生の墓参をしているのも、荒川先生あってのボクの指導だと思っているからです。

大羽　荒川先生の教えで、具体的に指導に生きている内容があったら教えてください。

辻村　やはり構えでしょうか。重みは下にという立ち方や、ヘッドやボールにまで氣が届く構え方については、ボールを打つこと以上に大事にしているつもりです。

大羽　すでにボールを打つ前に、立ち方、構え方で結果は決まっている、と。

辻村　そうだと思いますよ。その辺はこれまでのゴルフレッスンやコーチングでは、見落とされてきた部分のような気もします。ボク自身、先生に指導を受けてハッとさせられることも多かった分野です。

大羽　そのほかには？

辻村　おっと、それはここから始まるこの本で、詳しく紹介していくことにしましょうよ。

大羽　そうですね。では、始めましょうか。

第１章

ゴルフは合氣道に通じる武道である

～荒川博が伝えた氣の正体～

私たちの身の回りは、「氣」で充ち満ちている

スポーツ界では技術力向上のために、データ解析など科学的なアプローチが主流になりつつあります。ゴルフの指導現場でも、科学技術は日進月歩の勢いで進歩しており、選手がボールを打った瞬間に飛距離やヘッドスピード、打ち出し角や初速、スピン量、さらに弾道が、すぐさまコンピュータでチェックできるようになっています。私自身、そうした最先端の科学技術を駆使しては、選手をコーチングしている者のひとりです。

さて、そんな時代にあって「氣」などというと、時代錯誤もはなはだしいという方もおられるでしょう。また、氣は目には見えるものではありませんから非科学的だと眉に唾し、なかにはオカルトだ、おかしな宗教のようだと怒り出す人すらいます。

そうした考えや意見について、私は真っ向から否定するつもりはありません。なぜなら荒川博先生と初めて会ったとき、いや出会ってからしばらくの間の私が、まさに抱いていた感想そのものだからです。ですから私は、「氣」の存在を信じろというつもりもなければ、その威力や効果をことさら強調するつもりもありません。

ただ、信じようが信じまいが、**私たちが氣に包まれて生きていることは間違いありません。**たとえば私たちが使う日常会話のなかでも本気、根気、意気、元気、気持ち、気合い……。また無意識のなかであっても、充したり、散らしたり、配ったり、鎮《しず》めたり、ときに落としながら暮らしているのが日本人ではないでしょうか。

氣は、意識しなくても私たちを包み、支配している酸素（空気）や重力のようなものです。まだまだ私は荒川博先生のように、十分に氣を理解しているわけではありません。ですが、氣に少しばかり意識を持ち、氣を少し活用したことで、私や私の指導する選手たちのゴルフが変わったことには気づいています。

「氣は無限のエネルギーの源、「氣の散った選手に一流はいない」

荒川先生が王貞治さんらの指導に、合氣道を持ち込んだことは広く知られるところです。文字通り合氣道とは、氣と氣を合わせる日本古来の武道です。

「氣とは平常時には氣海に沈み、いざこと起これば頭上より天に届き無限の力を得、足下より大地を貫き不動の力を得る」

合氣道は氣をこのように説明しています。

無学の私にはあまりにも難解ですが、先生が行った次のような実験が氣の本質を教えてくれています。

まず、右手を開いて小指が下になるように、テーブルの上に置きます。

「どんなことをされても、絶対に手をテーブルから離すな」

そこで腕や手に力を入れて、テーブルに押しつけます。すると荒川先生は、私の前腕の中間あたりの下側に、人差し指を立てて入れ、ヒョイと持ち上げてしまうのです。ときには腕ばかりか、椅子に座っていたボクの体が85歳の先生の指1本で宙に浮いてしまったほどでした。

驚いている私に、荒川先生は今度は次のような指示を出します。

「今度はテーブルについている小指の下側に意識を集めなさい」

するとどうでしょう。先生が私の腕を鷲づかみにして、ようやく手がテーブルから離れたのでした。

「これが氣の正体。氣の散った選手に一流はいない」

これが、荒川先生の答えでした。

荒川先生には指1本で身動きがとれなくされてしまった

臍下丹田《せいかたんでん》に氣を鎮め、重い体をつくる

合氣道を始めとする武道には、構えの基本として古くから「重みは下」という極意が伝えられてきました。荒川先生が私にやってくださった実験は、その極意をわかりやすく伝えるためでした。荒川先生の弟子である王さんが一本足で構えると、押しても引いても、体当たりしても、微動だにしなかったそうです。まさに重みが下の不動の構えであり、これはチーム辻村が追い求めるゴルフスウィングの理想のアドレスでもあります。

では、どのように不動の構えをつくったらいいのでしょうか。

先ほどの実験で小指にあたるのが、人間の体では臍下丹田です。ここはおへソの一寸（約3センチ）下のお腹の中、筋肉のない部分で、古くから東洋医学では心身の活力の源である精気、英気が集まる場所とされてきました。つまり、

ここに氣を集め、鎮めることにより、重みが下になって初めて体を重く使うことができる、というわけです。

荒川先生の言葉を借りれば、

「不動の形をつくるとは、臍下丹田に氣を鎮めること」

と、いうことになります。さらに先生は、

「最近の人は怒るとすぐに頭にきたとかキレるという。それは氣が、上がっているからだ。昔の人は腹が立つといったのは、意識が腹にあるからだ。もっとも氣が臍下丹田に鎮まっていれば、腹が立つこともない」

ゴルフにおいても短気は損氣。一打一打に一喜一憂するのは、臍下丹田に氣が鎮められていない証拠です。

臍下丹田に氣を鎮める方法として、ペットボトルの水を飲むとき、水が口から食道を通って胃に伝わり、そこからさらに下奥底にスッと落ちるようなイメージで飲んでみたらいいでしょう。試合中、私が指導する選手たちが水を飲むのは、喉が乾いているからだけでなく氣を鎮めているのです。

「氣と力はまったく別もの、「気が強い」と「力強い」は非なるもの」

先ほどの実験で、「絶対にテーブルから手を動かすな」といわれた私は、全身に力を入れて動かないよう試みました。ところが力を入れれば入れるほど、荒川先生に指1本で軽く腕を、ときに体ごと持ち上げられてしまったことはすでに述べたとおりです。

日本人は欧米人に比べ、どうしても体格的にハンデがあります。そこで筋力トレーニングなどでフィジカル強化に取り組むアスリートも多いのですが、そうした風潮に対して荒川先生は、ひと言「氣の毒だ」とおっしゃったものです。

もちろん荒川先生が、筋トレそのものを完全否定していたわけではありません。アスリートに求められる心技体ですが、3つのなかで最も大事なのは体というのが先生の持論でした。その考え方は私も同じです。

ただ、体格的なハンデを筋力をつけることで克服しようという風潮、いい換えれば力持ちになりさえすれば克服できるという風潮を、先生はとても嘆いておられました。実際、高い才能がありながら誤ったトレーニングで消えていった野球選手を、実名を挙げては悔しがったものです。そして

「力強くなる前に氣を強く持て。それが強くなる、ということだ」

ともおっしゃいました。

ちなみに王さんは、V9時代の巨人軍のなかで、腕相撲をやればほとんどの選手に負け、走っても後ろから数えた方が早い非力な選手だったそうです。その王さんが世界のホームラン王になれたのはなぜでしょうか。

少なくとも筋力アップに励み、力強くなったからではありません。荒川先生によれば、**「体の使い方と氣の使い方を覚えたから」**なのです。

そこに日本人選手が世界で勝つ、あるいはゴルフにかける時間もおカネも限られているアマチュアゴルファーが上達するヒントが隠されています。

「氣はまっすぐに出るエネルギー、消防ホースと水をイメージする」

臍下丹田に集めた氣ですが、集めただけで出さなければ（使わなければ）意味がありません。そこで「氣を出す」とはどういうことかを、考えみましょう。

荒川先生は、具体的な氣のイメージとして、よく消防ホースにたとえました。水の通っていない消防ホースは軟らかく、どんな形にも曲げられます。普段は輪にして丸められ、小さな収納庫に収められています。しかし、ひと度火事が起きて、ホースのなかを水が通ればどうでしょうか。消防ホースは1本の硬い棒になり、その先端から放出される水は驚くほどの勢いで飛んでいきます。

このイメージを持つだけでも、ゴルフが大きく変わると私は思っています。

氣は消防ホースのように
真っすぐに！そのイメー
ジを持つだけでもゴルフ
は大きく変わる

ヘッドの先まで氣を通せば、腕は10メートルの長さで使える

臍下丹田に氣を鎮めることによって、不動の構えができることはすでに述べました。と、同時に不動の構えは、体の中心である臍下丹田に集められた氣が出続けている、と荒川先生はおっしゃっていたものです。

では、**氣はどこから出ているかといえば、ゴルフのスウィングの場合、アドレスで体の正面であわせた両手の先です。**先ほどイメージした消防ホースを例にとれば、腕はホースであり、指先は勢いよく水の出るその先端の放出口と考えればいいでしょう。

荒川先生が練習場で上田桃子プロを指導する際、もっとも多く口にしたであろうフレーズが、

「ヘソとボールを氣で結べ！」

というものでした。もっと詳しくいえば、ヘッドの先まで氣を通し、さらにヘッドとボールを氣で結ぶ意識です。

「多くの人は腕は肩から指先までだと思っているが、そこに氣を通せば腕は10メートルにも20メートルにも伸びる1本のエネルギーの棒になって使える。ゴルフの場合、指先から出た氣はシャフトを通じてヘッドに流れ、セットしたボールはおろか、打ち終わって飛んで行くボールにまで流すんだ」

まさしく消防ホースから勢いよく出る、水をイメージしてください。

多くのアマチュアの特徴に、グリップを強く握りすぎることがあります。プロ、特に一流プロの手のひらが、とても柔らかくきれいなのは、必要なだけの強さで握っているからです。強すぎる握りは手のひらにマメをつくるばかりでなく、さまざまなミスの原因にもなっています。

これを解決するためにも、氣が指先から出ている、という意識はとても大切です。なぜなら強い握りは、そこで氣の流れを途絶えてさせてしまいます。それは腕や肩、首筋などのリキみにもいえることです。

「氣は出すだけでなく、「ヘソで決め」、止めることで破壊力を増す

臍下丹田に氣を鎮め、氣を出す意識を持てるようになったら、次の段階は**氣を止める**、です。少しばかりですが氣の鎮め方のコツ、出し方のコツがわかりかけた頃、次に荒川先生がよくいわれたのが、氣の止め方についてでした。

荒川先生は王さんらの指導に、藁の束や天井から吊るした新聞紙を日本刀で斬らせる練習法を取り入れていました。新聞や雑誌、テレビなどで、ご覧になった方も多いことでしょう。選手にプロとして結果を残させるために、そこまでやる指導にはただただ頭が下がります。

それはともかく、素人にはなかなか斬れるものではありませんが、氣を臍下丹田に鎮め、その出し方を覚えるようになると斬れることもあるそうです。ところが斬れたとしても、氣の止め方を知らないと、真剣の重さで自分の足を斬

ってしまう人もいるのだとか。氣をいつまでも出したままだと、日本刀の動きも止まりませんから、勢いで足を斬ってしまうのです。先生の言葉を借りれば、**「氣はだらしなくだらだらと出すものではない」**ということになります。

最初に出会ったとき先生は、名刺で割り箸を斬ってみせてくれました。そのとき、先生の動きを注意深く見ていると、右手に持った名刺を一気に振り下ろすのですが、割り箸に名刺がぶつかって折れた瞬間、その手の動きが止まることに気がつきました。力任せに手を振り下ろしているのではないのです。つまり臍下丹田に鎮めた氣を一気に出すと同時に、氣が箸に伝わった瞬間に氣を止めているわけです。それが氣のエネルギーを何倍、何十倍にすることにつながることは、後に教えていただきました。

この氣を止めるという動きは、ゴルフスウィングではフィニッシュです。そしてフィニッシュは「ヘソで決めろ」とも教わりました。フィニッシュでバランスを崩すアマチュアが多いのは、氣を出せていないか、もしくは出せたとしても止められず、だらしなく出し続けているからなのです。

武道に伝わる残心《ざんしん》と氣のコントロール

フィニッシュの話が出たついでに、日本の武道や武芸に古くから伝わる、「残心」という考え方についても少しお話ししておきましょう。もちろんこれも、荒川先生から教えていただいたものです。

柔道でも剣道でも、もちろん合氣道でも、相手に技をかけたらそこで終わりではありません。たとえば剣道では打ち込んだ後、すぐに剣を体の中心に戻し、攻めにも守りにも対応できる姿勢、体勢になっています。**技をかけ終え、力を緩めたり、リラックスすることはあっても、まだそこに心が残っている、つまり残心とはそういうことです。**

これをゴルフに当てはめた場合、フィニッシュの後、多くのプロがリラックスし、クラブを体の中心に戻してボールの行方を追っている姿を見たことはないでしょうか？　自分の思い描いたボールを打てたときには、そこからクラブをクルクルと回すのも、そうした姿勢、体勢がとれるからです。いずれにしても多くの**プロのショットは、打ち終わってもそこに残心、つまり心が残っているためにバランスが崩れません。**

残心の「心」は「氣」とほぼ同じ意味だと私は考えました。先ほど氣は鎮め、出し、止めることが大事だと書きましたが、これらの氣の流れはその瞬間で終わるものではなく、エンドレスに繰り返されます。

達人になれば鎮め、出し、さらに止め、同時に臍下丹田に氣を満たすという流れをコントロールしているようです。氣は出たと同時に新たな氣が臍下丹田に充ち満ちていなければならないのです。

ゴルフも武道。打ち終わって終わり、ではない！

「眼力《めぢから》が強い」より強いのが「仏の半眼《はんがん》」である

そうした絶え間ない氣の流れについて、先生が面白いことをいったのを思い出します。

「最近は野球などスポーツ中継を見ていると、〝この選手は眼力が強い〟などといった解説をする者がいる。意志が強い、芯が強い、根性があるという意味のようだが、目の周辺の筋肉を強ばらせて怖い顔をすることだと勘違いしている者もいるようだ。顔の小さな筋肉であれ、力が入ったらそこですべてはゲームオーバー。なぜなら氣の流れが、そこで止まってしまうからだ」

アマチュアに多い強すぎるグリップと同様、眼力を強くするのも、まさしく気負いの現れなのでしょう。そして先生は優しい顔で続けました。

「眼力が強いより強いのが、仏の半眼だよ」

仏の半眼の如く、優しい表情の荒川博氏。もっとも巨人軍のＶ９戦士からは「あの厳しいコーチだった荒川さんも、歳をとって（上田）桃子ちゃんを教える頃には丸くなった」との声も

「ボールは心眼で見るもの、「ボールをよく見ろ」は氣が散る行為だ」

ゴルフレッスンの定番である、「ボールをよく見ろ」「ボールから目をそらすな」についても、先生は疑問を投げかけていました。

というのも球ばかり意識することで、すでに体の中心である臍下丹田にあるべき氣は、体から離れてしまうというのです。〝氣になる〟とはそういうことで、具体的には飛ばしたい、曲げたくない、ピンに近づけたいといった、さまざまな欲や不安を生みます。

それこそがまさに氣が散った状態であり、「氣が散った選手に一流はいない」という先生の持論にもつながります。

だからといって、ボールをまったく見なくてもいい、というわけではありません。実際、アマチュアはスウィング中にヘッドアップすることが多く、インパクトの前にボールを見失ってしまうことが多いため、そのため生まれたレッスンが「球をよく見ろ」でした。

しかし、合氣道では氣を含めた相手の動きを、「心眼」で見るのだそうです。では、心眼とはなにか。それこそが臍下丹田に氣が集まっている状態であり、ゴルフの場合、先生のいう「ヘソとボールを氣で結べ」ということになります。なんだか禅問答のようですが、**特に選手が不調に陥ったとき、目を閉じて臍下丹田に集めた氣だけに集中して、ボールを打たせていることもつけ加えておきましょう。**

ボールは心眼でも見るもの。不調になったら目を閉じて

氣が心を動かし、心が体を動かす

ここまで荒川先生に教わった「氣」について、私なりに一生懸命、説明してきたつもりです。しかし氣は目にも見えませんし、また私の浅い理解では、みなさんに上手に伝えられたかどうか心配でなりません。そこでこの章の最後に、これまで書いてきたことを少し整理してみます。

氣の正体がわからなくとも、氣が私たちの生活に深く関わっていることを否定する人はいないはずです。好むと好まざるにかかわらず、また信じようが信じまいが、私たちは無意識のうちに氣に包まれて生きています。それはやる気、元気、気持ち……などで、私たちが日常に使う言葉でも明らかです。

その氣に、なんらかの力があると感じている人も少なくはないでしょう。気迫は目に見えない迫力ですし、気を揉んだり、気が滅入ったりしていれば「病は気から」の諺どおり病気にもなりかねません。

そうした氣の力を野球の指導に持ち込んだのが荒川博先生でした。合氣道をはじめ、居合術や歌舞伎など、古くから伝わる日本の武道や芸事に、体の小さな日本人が勝つヒントを見出そうとしました。

「氣が心を動かし心が体を動かす」は、荒川先生の口癖でした。なんだか精神論に聞こえますが、たとえば能は約20キロもある衣装をつけて、跳んだり跳ねたりする伝統芸能です。そうした身のこなしは、はたして筋力がありさえすればできる、というものではないでしょう。そこには達人と呼ばれる人の一流の身のこなしもあるでしょうが、それを支えるのが氣である、というのが荒川先生の考えだったように思います。

その氣の力をゴルフのスウィングに活かそうというのが、本書の目的です。まずは普段、意識していない氣を意識してください。次はその氣を、臍下丹田に鎮めるよう意識します。そして、その氣を体の隅々まで行き渡らせたら、いよいよスウィング理論の始まりです。

生前の荒川博氏と上田桃子プロ、そして筆者。「桃子とツジを教えて死んでいけるなら本望だ」と語っていた

第2章

氣のスウィング理論

～氣で打ち飛ばす、氣のゴルフ～

スウィングの基本

臍下丹田に集めた氣こそ軸の中心である

ゴルフレッスンで頻繁に登場するもののひとつに、軸があります。ところがわかったようでいて、なかなかわかりにくいのもこの軸ではないでしょうか。もちろんいろいろな考え方があって構いません。しかし、軸は1本なのか2本なのか、1本であれば左サイドにある細い軸なのか、体全体の太い軸なのか、さらに動く、動かない、傾く、傾かない……といった議論は、多くのゴルファーを混乱させているだけのような気がします。実は私自身も、かつてはゴルファーを混乱させていた一人でした。

氣は、体の中心である臍下丹田に鎮められるべきものと述べました。臍下丹田に集められた氣は、そこから腕やシャフト、ヘッドを通じボールへと伝わり、さらに消防ホースから放出される水のように、飛んで行くボールにまで伝わります。しかし、集めた氣は出すだけではなく、ときに止めては破壊力を増し、同時に臍下丹田に新たな氣が鎮められていることもすでに述べました。

こんな風に書くと、とても複雑なことのように聞こえますが、荒川先生はこれを簡潔に、**「ヘソとボールを氣で結べ」**と教えてくれました。

目に見えないという点においては軸も氣と同じです。しかし、臍下丹田にある氣と違って、どこにあるのかわかりにくいのが軸ではないでしょうか。スウィングは回転運動ですから、軸が重要であることは私も否定しません。しかし、その軸がどこにあるのか意識できない人がほとんどです。それが多くの人が悩み、またスウィングを必要以上に難しくしている理由でしょう。

一方の氣は、臍下丹田を意識すれば感じられるものです。であれば軸はどこかという問題はひとまずおいて、**軸の中心は臍下丹田にあり、そこに集められた氣を中心に回転する、と考えたらどうでしょうか。**そんな風にシンプルに考えると、スウィングはとても簡単になります。

スウィングにおけるパワーの正体①
「脱力はアクセル、リキみはブレーキ」

スウィングにはある程度のパワーが必要です。ところがパワーと聞くと多くの人は安易に力、それも筋力のことだと思ってしまうようです。

しかし、ここに大きな落とし穴があります。たとえばドライバーショットで、筋肉という筋肉に力を入れ、文字どおり力任せに振り回して飛ばそうとする人は多いものです。ところが、その結果はどうでしょうか。力いっぱい振るよりも、力を抜いてリラックスして軽く振った方が飛んだという経験は、多くの人にあるに違いありません。

ゴルフのスウィングにおいてリキみはブレーキです。これに対して脱力がアクセルです。力が抜けて、氣が入っているのが最高のスウィングです。そのことは常に頭に入れておきましょう。

84歳、しかも大病を患っているとは思えぬ軽やかな身のこなしで、シャープなシャドースウィングをみせては指導する荒川氏

スウィングにおけるパワーの正体②
パワーの源泉は上体の捻れと下半身の粘り

野球のバッティングに、ドアスウィングと呼ばれるものがあります。バットと体が一緒に回ってしまうスウィングで、ヘッドスピードが出ない間違ったスウィングの代表格です。高校球児がプロ入りしたとき、もっとも時間がかかるのがこのドアスウィングの矯正だといいます。高校野球では、金属バットの使用が認められますが、プロになって使う木のバットでボールを飛ばすためにはヘッドスピードを高め、ヘッドを走らせなければなりません。

これはゴルフスウィングにおいても同じです。チタンドライバーの登場で、どんなゴルファーでもある程度は飛ばせるようになりましたが、それ以上に飛ばそうと思えばドアスウィングを克服しなければなりません。**つまりクラブと体が一緒に回らないことが大事なのです。**

その観点からスウィングに求められるパワーとは上半身の捻りと、それを支える下半身の粘り、ということがいえます。具体的にトップで捻転差が大きいほど、蓄えられるエネルギーは大きくなります。スウィングのパワーとは、実際にボールを打つダウンスウィングで、蓄えたエネルギーを一気に解放することです。そのためにはバックスウィングでもダウンスウィングでも、下半身と上半身が同じ方向に同じスピードで動いてはなりません。そしてドアスウィングは、例外なく下半身の軽さから始まることも覚えておきましょう。

スウィングは一連の流れですが、荒川先生にはバックスウィングとダウンスウィングの練習を別々に分けてさせていただきました。バックスウィングでは上半身の捻れをより大きく、またダウンスウィングではいわゆる捻り戻しを強くするためです。上半身の捻れと、それを支える下半身の粘りを体で覚えるため、テークバックはオープン、ダウンはクローズドスタンスで練習しました。その方が捻れも、捻り戻しも強くなるからです。と、同時に下腹が意識され、臍下丹田により氣が集まることもよく理解できます。

氣が充実していれば、下半身がだらしなく、ゆるむことはない

スウィングにおけるパワーの正体のひとつは、上半身の捻れと下半身の粘りでした。上半身の捻れと下半身の粘りのギャップが、スウィングのパワーの大きさになります。ドアスウィングとは上半身と下半身が同じ方向に回ってしまうと、両者のギャップがほとんどゼロに近く、そのために飛ばない、弱々しいボールになってしまうわけです。

ここで重要になるのが、**下半身の粘り**です。

荒川先生が私たちにやらせた、バックスウィングでスタンスをオープン、ダウンスウィングでクローズにさせる練習は、前者は主に上半身の捻れ、後者は主に下半身の粘りを体感させる練習でした。消しゴムの上側と下側を反対に捻るように、バックスウィング、ダウンスウィングそれぞれで、最大限のパワー

を感じろというわけです。

粘りのない下半身について先生はよく「氣がゆるんだだらしない下半身」という言葉を使いました。オーバースウィングやスウェーなどを大げさにやってみてください。あるいはダウンスウィングでドアスウィングをやってみましょう。すると本当によくわかるのですが、氣がどこかに抜けて逃げてしまっているようで、体に締まりがないのがわかります。下半身がだらしなく、ゆるんでしまうのです。スウィングのパワーだけでなく、氣の存在も体感できる練習ということで、あえて書かせてもらいました。

巨人軍の帽子をかぶって指導する荒川氏

スウィング（円運動）とは、無限の三角形の集合体である

ゴルフのスウィングが円運動であることは間違いありません。しかし、その円運動は、**「直線と直線がつくる三角形によってつくられる」**と聞いて、みなさんはどう思われるでしょうか？　荒川先生に最初にこういわれたとき、私の頭のなかは「？？？？？？」という状態でした。

三角形の内角の和は１８０度であることは、小学生でも知っています。四角形の内角の和は３６０度。対角線を引けば三角形が２つできるからです。その理屈で五角形は５４０度、六角形は……とやっていくと、数が増えるほど内角の和は大きくなり円に近づいていきます。つまり円とは無限の三角形の集合体であり、円運動を極めたければ「この三角形を理解し身につけろ」というのが、荒川先生の教えでした。

もっとも先生は数学や物理の学者ではなく、そのことを合氣道など武道から身につけました。合氣道で相手を投げるのも、真剣で藁を斬るのも円運動。そして野球のバッティングもゴルフのスウィングも円運動。そこで円を構成する三角形に、さらに三角形をつくる直線に目を向けました。

ちなみに野球でもゴルフでも先生が理想としたダウンブローは、ボールに向かってバット（クラブ）が一直線に向かうスウィングです。

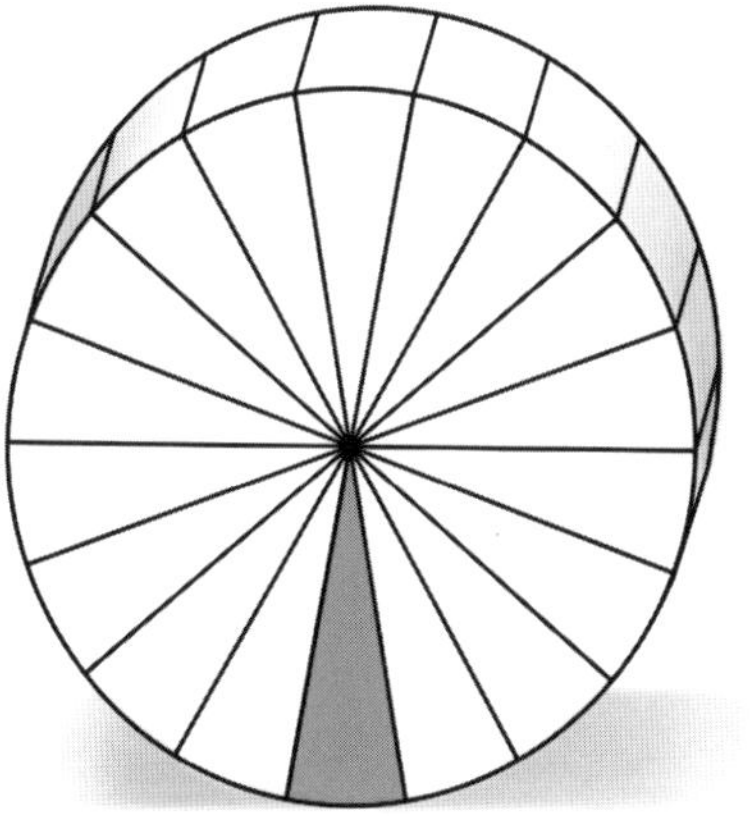

円は無数の三角形によりできている

スウィングは三角形のなかで完結する円運動①
ヘソと両足がつくる二等辺三角形

「スウィングは三角形のなかで完結する円運動」

は、荒川先生がもっとも口にしていた言葉でした。

円運動には中心があります。その中心は臍下丹田に鎮めた氣であり、

「スウィングは氣という軸を中心にクラブが回る円運動」

という先生の言葉も、同時に覚えておいてください。これはスウィングを理解するうえで、また上達するうえでとても重要な考え方です。

さて、そのうえで先生がとても重要と考えていた三角形が、アドレスでヘソを頂点に両足がつくる二等辺三角形です。まず、スウィングはこの三角形のなかで完結します。ここからはみ出し、また崩れたのがスウェーやオーバースウィング、フィニッシュでバランスを崩したスウィングです。

ヘソと両脚がつくる三角形。アドレスでつくった三角形をキープすることを意識

スウィングは三角形のなかで完結する円運動②
両足裏の重心がつくる変形する三角形

次に重要なのが、両足裏にかかる重心を結んだ三角形です。アドレスでは体重は足裏全体にあるため四角形ですが、スウィングが始まると三角形に、またその三角形もスウィング中に違う形の三角形になります。スウィングは円運動であり無限の三角形の集合体といいましたが、円と三角形の関係を理解するには都合のいい三角形です。

アドレスでできた四角形は、バックスウィングで左足裏の重心は親指つけ根方向に、右足は足裏全体のアドレス時よりやや内側で踏ん張ります。一方、ダウンスウィングでは、つま先側にあった左足の重心は足裏全体に、足裏全体にあった右足の重心は親指つけ根方向に動きます。

「フィニッシュでは左足1本で立てるように」

とは、私もよく選手たち行う指導ですが、これは左足の足裏全体ですべてのエネルギーを受け止めているからです。**左足1本でバランスよく立てることはスウィング（円運動）が、三角形のなかで完結した証明**でもあります。

いずれにせよ、P55で紹介した三角形も含め、三角形を意識し、その三角形のなかでスウィングすることが重要なのです。

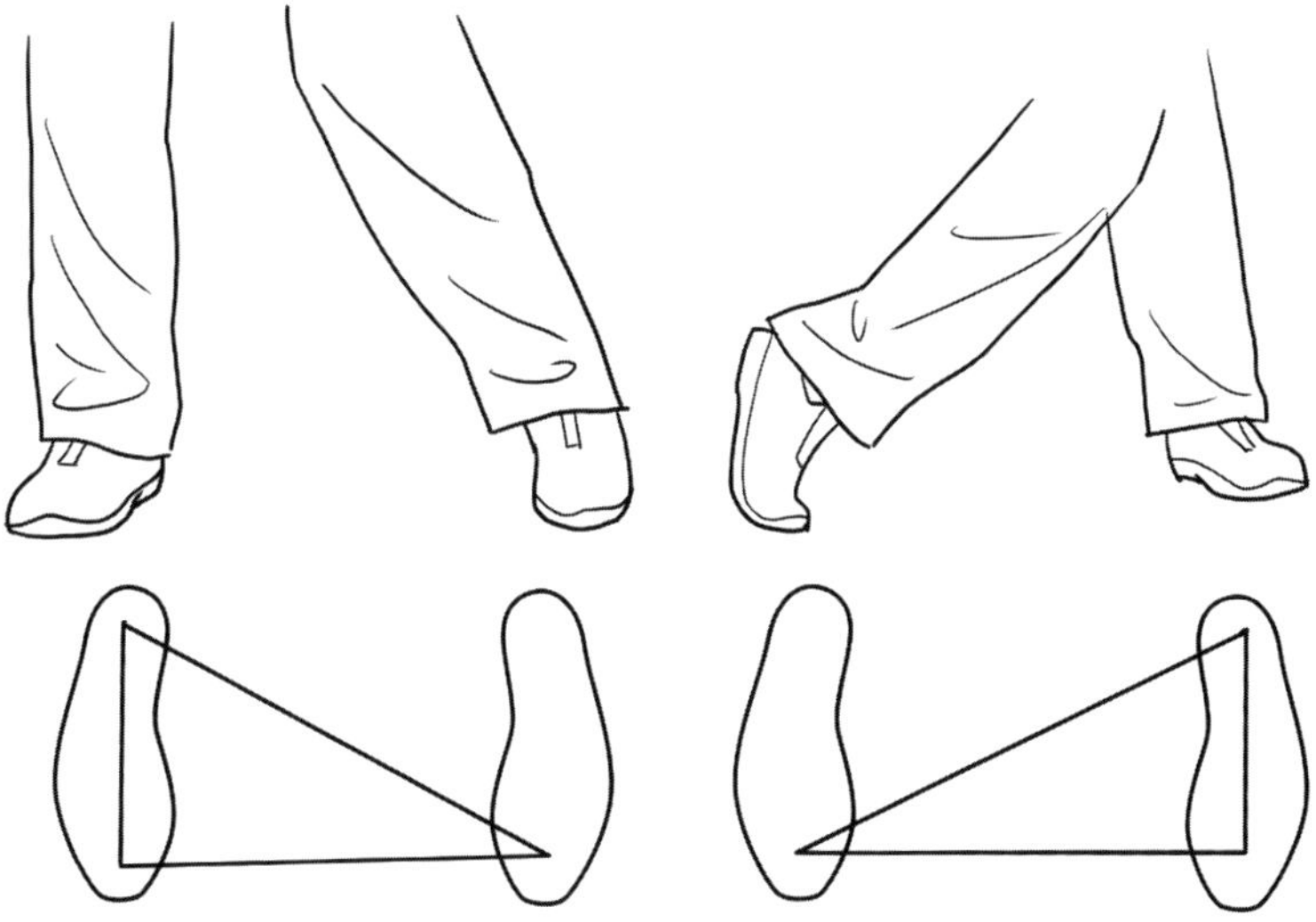

トップで右足にしっかりと体重が乗り、ダウンでは左足に強く踏み込む

正しい円運動が正しい直線運動をつくる。直線の意識で振るダウンブロー

スウィングは、いうまでもなく円運動です。そのため多くのゴルフレッスンでは、体の回転や腕の振りなどに多くの時間が割かれています。

ところが正しい円運動をしようと、自分から体を回転させたり、腕を振ろうとするのは実にむなしい努力であって、円運動を歪んだものにしています。なぜなら**正しい円運動とは、正しい直線運動がつくるもの**だからです。

なんだか一休さんのトンチ話のようですが、百聞は一見に如かず。世界のホームラン王、王貞治さんの連続写真を見ると、バットは振るのではなくボールに向かって一直線に振り下ろしています。もっとも荒川先生によれば、厳密にはボールに向かっても正しくはありません。というのも野球では「ボールの一寸（約3センチ）内側、三寸（約10センチ）投手側」に向かって振ると、体も

猛スピードで回転し、体の真正面でヘッドが走ったバットがボールをつかまえられるといいます。直線の意識で振り下ろしても、動画で確認すると限りなくレベルスウィング（円運動）になっており、正しい直線運動が正しい円運動をつくる、とはそういうことです。

実際、**自分で体を回転させよう、腕を振ろうとする意識は、さまざまなミスを引き起こしています。**体を速く回そうとすればクラブはそれについてこれずに振り遅れ、また腕を強く、速く振ろうとすれば、今度は下半身を中心に体の動きが止まってしまい、手打ちや突っ込みの原因にもなります。いわゆるドアスウィングは、こうした理由で起きるものです。

では、どうすればいいのでしょうか。

私が思うのは**アドレスで臍下丹田に集めた氣を、腕、シャフト、ヘッドを通じボールに向かって一気に吐き出し、ぶつける意識を持つこと**だと思います。それがダウンスウィングにおける正しいクラブの直線運動であるダウンブローにつながり、結果としてスウィングが正しい円運動になることなのです。

究極のインサイドインをつくるヘソプレーン

荒川先生が理想のスウィングとしてダウンブローとともに重要視していたのが、インサイドインというスウィングプレーンです。ゴルフのレッスンでは、長くアウトサイドイン、インサイドアウトの2種類に大別してきました。こうした傾向に対し、私と出会う10年以上前から先生は、「インサイドインでなければ日本人が世界で勝てる日はこない」と、考えていたようです。

その理由は明快で、世界のホームラン王となった王さんのスウィングが、インサイドインだったからです。バットが遠回りせず体の近くを通ってインサイドに下りてくる王さんのバットは、ボールをつかまえた後、体に巻きつくようにインサイドに振り抜かれていきます。

「一塁線上に飛んだ王の打球は、ポールを巻いてライトスタンドに吸い込まれていったものだ。ファールになったことは見たことがない」

「ゴルフでいうなら、世界のトッププロに主流のパワーフェードです。インサイドインはちょっとキツいスウィングですが、**インサイドに振り抜くという意識は、誰もが持つべき**です。

そして**インサイドインは筋力ではなく、氣によってコントロールするスウィング**です。そのためにイラストのようなヘソプレーンという概念をつくり出し、選手たちにも指導しています。

体側にあるボールのつくる曲線が、スウィング中にヘソがつくる軌道。ヘソがこのラインをはみ出さないように振る意識が重要

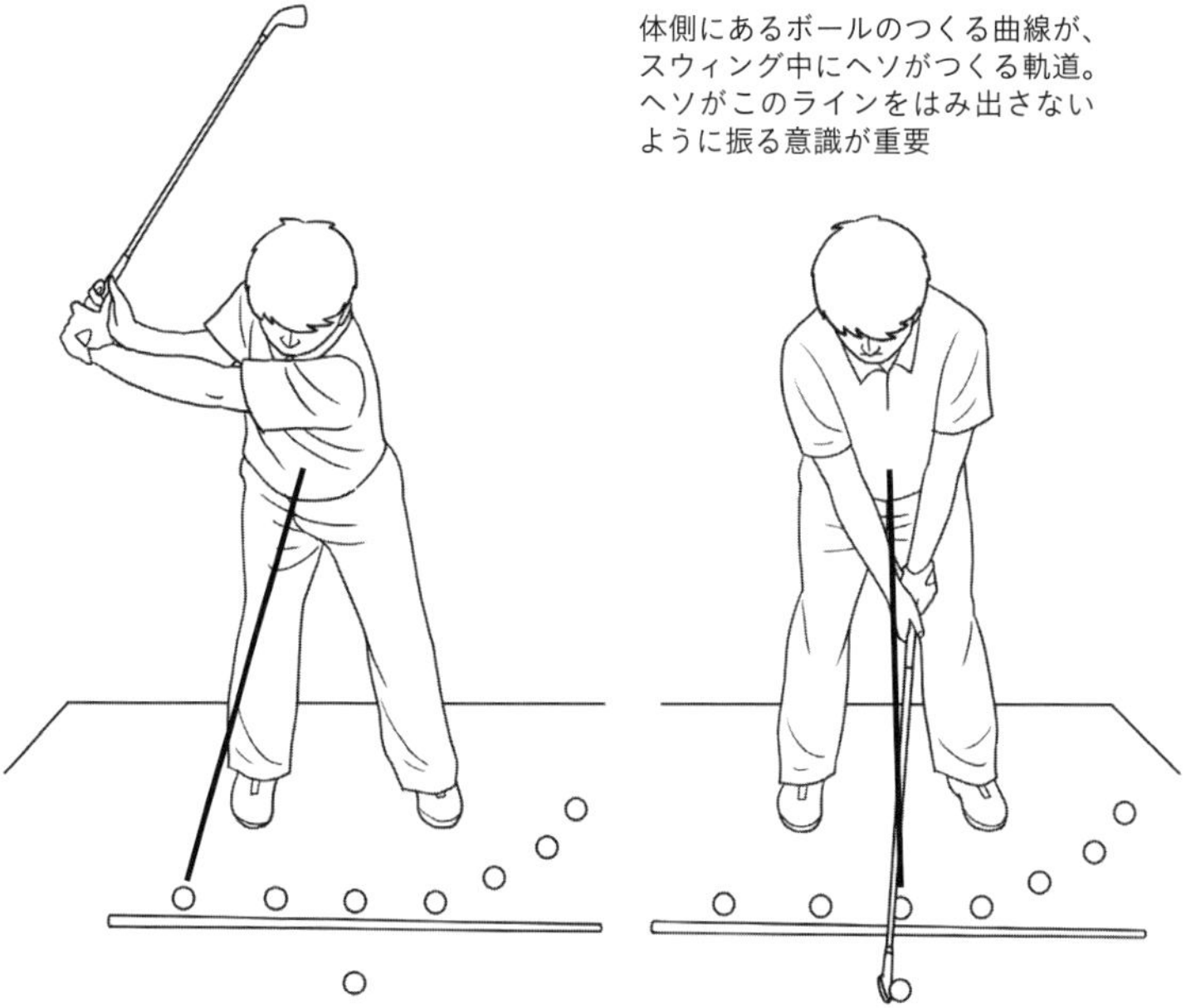

スウィングは三角形のある足（下半身）から始める

ゴルフのスウィングで難しいものの代表格が、テークバックの始動とトップの切り返しです。トップの切り返しは第二の始動とも呼ばれ、静止した状態からの始動、動き出すタイミングが難しいのでしょう。

さて、これについて荒川先生は、

「すべての動作の始まりはヘソからで、動作の終わりはヘソで決める」

と、答えています。

Ｐ55で紹介した、ヘソと両足のつくる二等辺三角形を思い出してください。円運動であるスウィングの軸は臍下丹田に集まった氣です。となると、テークバックの始動もトップの切り返しも、臍下丹田（ヘソ）から始まると考えるのが自然でしょう。

ただ臍下丹田（ヘソ）や氣から動かすという意識は一般のアマチュアには、とても難しいものです。

そこで私は先生の言葉をもう少しわかりやすく、

「スウィングは足（下半身）から始めましょう」

と、答えることにしています。三角形のある足（下半身）から動くと考える方が、理解しやすいのではないでしょうか。

足から動き出す意識は、両足で大地をしっかりと踏みことにも、下半身を安定させることにもつながります。それは武道でいわれることの「重みは下」にも通じることであり、スウィングに求められる下半身の粘りにもつながります。それはヘソと両足のつくる三角形の安定です。

もうひとつ荒川先生がいうには、上半身と下半身を結ぶ氣の道はなく、氣は上にあればあるほど体は軽く不安定になります。つまり手や上半身からスウィングが始まれば、氣はどこかに逃げてしまって、結果としてボールには伝わることはありません。いわゆる氣の抜けたスウィングです。

ヘソとボールを氣で結ぶ、氣の充実した不動のアドレス

ゴルフは止まったボールを打つために、「静のスポーツ」と呼ぶ人がいます。しかし私は、ゴルフスウィングは一瞬たりとも止まってはならない、と考えています。なぜなら氣は臍下丹田に鎮められ、集められはしますが、そこを軸に流れ、放出され、さらにまた臍下丹田に鎮められるものだからです。その意味で、私はゴルフを**「流のスポーツ」**と呼んでいます。

さて、それを踏まえた上でアドレスの注意点ですが、すでに第1章で述べている、押しても引いても動かない不動の構えが理想です。「流のスポーツ」といいながら不動の構えとは矛盾するかのように感じる人がいるかもしれません。しかし、不動の構えとは氣が臍下丹田に鎮められた自然体であって、力を入れて動かさない、という意味ではありません。臍下丹田に氣が鎮められれば、自

然と重い体になって、結果として不動の構えができあがるというわけです。王さんの一本足打法の構えが、まさに不動の構えでした。

私と上田桃子プロの財布には、「これが最高の構えだ」といただいた王さんの一本足打法の写真があり、迷いが出たときにはいつも見て思い出しています。

もっとも不動の構えなどというと、堅苦しい印象があるせいでしょうか。歯を食いしばり、全身に力を入れて動くまい、動くまいとする人がいます。特にアマチュアの方のアドレスには、驚くほど多く見られます。そうした人に対して私は、同じ野球でもこんなたとえで教えています。

「ちょうど一塁ランナーが、隙をついて二塁へ盗塁もできる、牽制球がきたら一塁に戻れる、あの姿勢をイメージでしてください」

不動の構えとは動かないと同時に、どんな状況にも対応できる構えなのです。

そして、その構えをつくるための極意が、「ヘソとボールを氣で結べ」という荒川先生の言葉、そして両足とボールでつくる二等辺三角形の意識です。

「パワー＝スピード×重さ　スタンスの広いホームラン打者はいない」

次にアドレスにおけるスタンス幅について考えてみましょう。一般にスタンス幅は肩幅程度とされていますが、その理由について教えてくれる人は多くありません。荒川先生は**「自然体とは50センチ程度の高さから飛び降りたときの広さ」**といい、おそらくほとんどの人にとってこれが肩幅になるはずです。そして、それを基本として**「クラブの長さ、打ちたいボールの距離、高さなどによってスタンス幅はアレンジすべきもの」**と理路整然と教えています。

ここでスタンス幅の持つ意味を考えます。スタンス幅が広ければ体重移動が大きくなり、反対に狭ければ体が回りやすくなります。また無意識であったとしても飛ばそうと思えば広く、方向性を重視すれば狭くしているはずです。もちろん限度はありますが、原理原則としては間違ってはいません。

ところが問題は、自分にあった、あるいは打ちたいボールにあったスタンス幅で構えている人が少ないという現実です。なんの疑いもなく肩幅で構えたり、飛ばそうと思って必要以上にスタンス幅を広くしたり……。

そこで、次の公式を覚えておきましょう。

「パワー（エネルギー）＝スピード（回転）×重さ（力）」

荒川先生によれば、歴史的にみてもスタンス幅の広いホームラン打者はいないそうです。ベーブ・ルース、ハンク・アーロン、日本でも川上哲治《かわかみてつはる》さんや王貞治さんは、たしかに写真を見ると投手側にそれほど大きく踏み込んではいないことがわかります。つまりどちらかといえば、力よりも回転のスピードでボールを飛ばしている、ということなのでしょう。

もちろん、だからといってスタンス幅を狭くしろ、というのではありません。スタンス幅の意味を理解し、適切なスタンス幅で構えろ、というのです。

踏み込みが遠すぎるとエネルギーは逃げます。そこで少し近くに踏み込むことがポイントです。

自分にあった、打ちたいボールにあったスクウェアスタンスを探し出す

スタンス幅の次はスタンスの向きですが、多くの人はアドレスでの両足のつま先を結んだラインを重要視しているようです、これがボールとターゲットラインを結んだ飛球線と平行であればスクウェア、左向きならオープン、右向きならクローズと考えているようです。

それはそれでひとつの基準としては間違ってはいないのですが、つま先のラインが真っ直ぐだからといって必ずしもスクウェアスタンス、つまり真っ直ぐに構えているとは限りません。つま先が真っ直ぐでも腰や肩のライン、あるいは目線が右や左を向いていることも少なくないからです。いやむしろ、そうしたゴルファーの方が多いものです。

すでにスウィングのパワーは、上半身の捻れとそれを支える下半身の粘りの

ギャップだと書きました。消しゴムの上と下を持ってそれぞれ反対に捻ることで、そのギャップを感じることができます。そしてバックスウィングではオープンスタンス、ダウンではクローズスタンスが、それぞれの最大の上半身の捻れと下半身の粘りのギャップが感じられ、私たちが練習に取り入れていることも述べました。

それらを踏まえ、自分にあったスクェアスタンスの探し方を紹介します。インパクトはアドレスの再現といいますが、私が大事にしているのは**インパクト時の左右の足裏の重心です。このラインが飛球線に対し平行になるインパクトの形をつくります。**もちろん臍下丹田に集めた氣が、ボールに向かっていることが絶対条件です。おそらくその形には体が締まった感覚もあるはずだし、へソと両脚のつくる三角形も見事にキープできていることでしょう。氣の抜けていない、氣の散っていないインパクトです。

そこからアドレスの形に戻ります。つま先のラインがどこを向いていようが、それがあなたにとってのスクェアスタンスです。

氣の届く範囲で構え、氣の枠からはみ出さずに振り抜く

アドレスについて自然体である不動の構え、ヘソとボールを氣で結ぶこと、ヘソと両足でつくる三角形の重要性、さらにはスタンス幅やスタンスの向きについても書いてきました。

いうまでもなくアドレスは、スウィングにおける重要なスタートです。始めよければすべてよしの言葉どおり、荒川先生はアドレスにおける立つ、構える、狙うということを、とても重要視されていました。構えるがヘソとボールを結ぶことだとしたら、狙うはターゲットまで氣を通すことです。

「スウィングは氣の届く範囲で構え、氣の枠をはみ出さずに振り抜け」

と、先生はよくいわれたものです。これまで述べてきたアドレスとは、そのためのものであることを覚えておいてください。

アドレスでは「ヘソ（氣）とボールを氣で結ぶ」意識で立ち、構えることが重要。狙うのは、氣をターゲットまで通す

形より大事な握りの強さ、グリップは氣の通り道である

初心者に対するゴルフレッスンで、最初に教えるのがクラブの握り方、グリップではないでしょうか。ゴルフはクラブという道具を、いかに思いどおりに使いこなせるかを競うスポーツと見ることもできます。その意味でグリップは、人間と道具の唯一の接点であり、重要であることは間違いありません。

その多くが教えるのは形ですが、グリップでは形よりも大事なことがあります。それは**握りの強さ**です。

ヘソとボールを氣で結べ、とすでに書きました。**なぜグリップの握りの強さが大事かといえば、臍下丹田に集まった氣とボールを結ぶため、その通り道にあるのがグリップだからです。**グリップを強く握りすぎると、氣の流れはそこで止まってしまい、ボールに伝えられることはありません。氣は臍下丹田から

腕、シャフトを通じてヘッド、そしてボールへと伝わります。

「腕からシャフト、ヘッドまで血が流れるように振りなさい」

と、荒川先生はおっしゃいましたが、なかなか氣がイメージできない人は、血液が腕、シャフトをサラサラと流れるイメージをもったらいいでしょう。それが結果として氣がヘッドに通ることにつながるのです。

特に多くのアマチュアが、クラブを強く握りすぎる傾向があります。実際、アマチュアの方に、プロがどんな強さで握っているか握手してみると、そのソフトな握りに驚きます。さらにいえばプロたちの手のひらの柔らかさ、またきれいさに驚く人も多いものです。

しかし、考えてもみてください。料理人の包丁、画家や書家の筆、大工さんのカナヅチなど、道具を力いっぱい握る一流がいるでしょうか。道具を使う一流のプロの手のひらは柔らかく、そしてきれいなものです。

いずれにせよグリップは氣の通り道であり、その流れを止めないことを、なによりも意識してください。

右足親指のつけ根に重心、ひざ下を動かさないテークバック

スウィングで難しいもののひとつとされるテークバックは、「足（下半身）から動かす」とはすでに述べました。厳密には氣が動かすわけですが、ヘソ（臍下丹田）と両脚でつくる三角形は下半身にあり、また上半身と下半身をつなげる氣の道がないのが理由でした。ここでは具体的に、テークバックの方法について考えていきます。

テークバックは足から始めるといいましたが、それは足（下半身）を積極的に動かせ、という意味ではなく下半身から動かせ、という意味ではありません。上半身ではなく下半身から動かせ、という意味であって、むしろテークバックの動きはとても小さなものです。そのため私などは動きすぎる選手に対し、目をつぶらせ**「両足の間にいる小さな自分が、大きな自分を動かすようなイメージで」**と教えることもあります。

それはともかく足から動かせ、といいながら、バックスウィングでは絶対に動かしてはならない部分があります。それが**右足の親指つけ根部分**です。実際にトップでは右の足裏全体で体重を受け止めるのですが、右足の親指のつけ根一点に重心を集めるよう意識することで、上半身の捻れとそれを支える下半身の粘りが生まれます。

テークバックの目的は、トップでこのギャップを大きくする、つまり、より大きなエネルギーを蓄えることです。

テークバックでは右足のひざ下は動かさない。そのために右足親指つけ根に意識を集中する

「臍下丹田に水を張り、こぼさないようにテークバック」

テークバックについて、もうひとつ大事なことを書いておきます。それは**テークバックは、静かに動き出さなければならない、静かに動き出すべきものだ、**ということです。

ヤクルトや西武で監督を務めた名将・広岡達朗《ひろおかたつろう》さんは、荒川先生の早稲田大学野球部の後輩で、王さんとともに合氣道の道場で学んだ荒川門下生のひとりです。その広岡さんが2010年、大リーグのドジャースに臨時コーチとして招かれたことがあったそうです。このとき、広岡さんがドジャースの選手たちに教えたことのひとつが、静かな動き出しだったそうです。

これは荒川先生から聞いた話ですが、広岡さんはこの動き出しについて、**「臍下丹田に水を張り、そこにボールが映るようなイメージを描き、その水を**

こばさないように動き出す」

と、メジャーリーガー相手に教えたというのです。

その練習の効果を広岡さんは荒川先生に、こう伝えたといいます。

「やがてバッターでもピッチャーでも、体がシャーッと自在に動いた」

テークバックが難しいのは、止まった状態から動かそうとするからです。そこで力任せに動かそうとすれば臍下丹田の水は波打ちこぼれますし、どう動かそう、どこに動かそうと考えれば、意識（氣）は頭の方に上がり、そもそも臍下丹田に水もたまりません。不要なリキみも生まれることでしょう。

具体的なアドバイスになるかどうかはわかりませんが、このイメージは極めて重要だと私は思います。

ちなみに広岡さんがドジャースに招かれたのは06年と09年に、日本がワールド・ベースボール・クラシックを連覇し、日本の野球には力以外のなにかがある、と関係者が感じたからでした。そのときの監督、特別顧問を務めたのが王さんという、荒川先生を軸とした因縁にも興味深いものがあります。

「左腕を消防ホースのように使い、ボール2転がり分をコントロールする」

さて、テークバックで静かな動き出しを身につけるために、私たちが行っている練習法を紹介します。

繰り返しますがスウィングは、臍下丹田に鎮められた氣を軸とした回転運動です。テークバックはスウィングの始動ですから、最初から氣の抜けた状態になってしまっては回転はできません。では、どこが氣の枠からはみ出してしまいやすいかといえば、手であり、腕であり、それとつながったクラブなのです。

いわゆる手上げのテークバックですが、**これを防ぐために私たちは水の入ったペットボトルをクラブヘッドの後に置き、それを真っ直ぐに動かすようにしています。**ボールより重いペットボトルは、手の力ではなかなか真っ直ぐには動きません。ヘソから動かせというのではなく、人によって違うであろう、どこから動かすかを感じればいいのです。慣れてきたらペットボトルの代わりにボールを置き、さらにその約30センチほど後方にもう1個ボールを置きます。2つのボールがぶつかるようテークバックしてみましょう。

こうした練習をクロスハンドでやるのも効果的です。クロスハンドにすると左腕が伸びます。このとき、**水の流れる消防ホースのように氣の流れを感じることが、スウィングに求められる左腕とクラブの一体感です。**

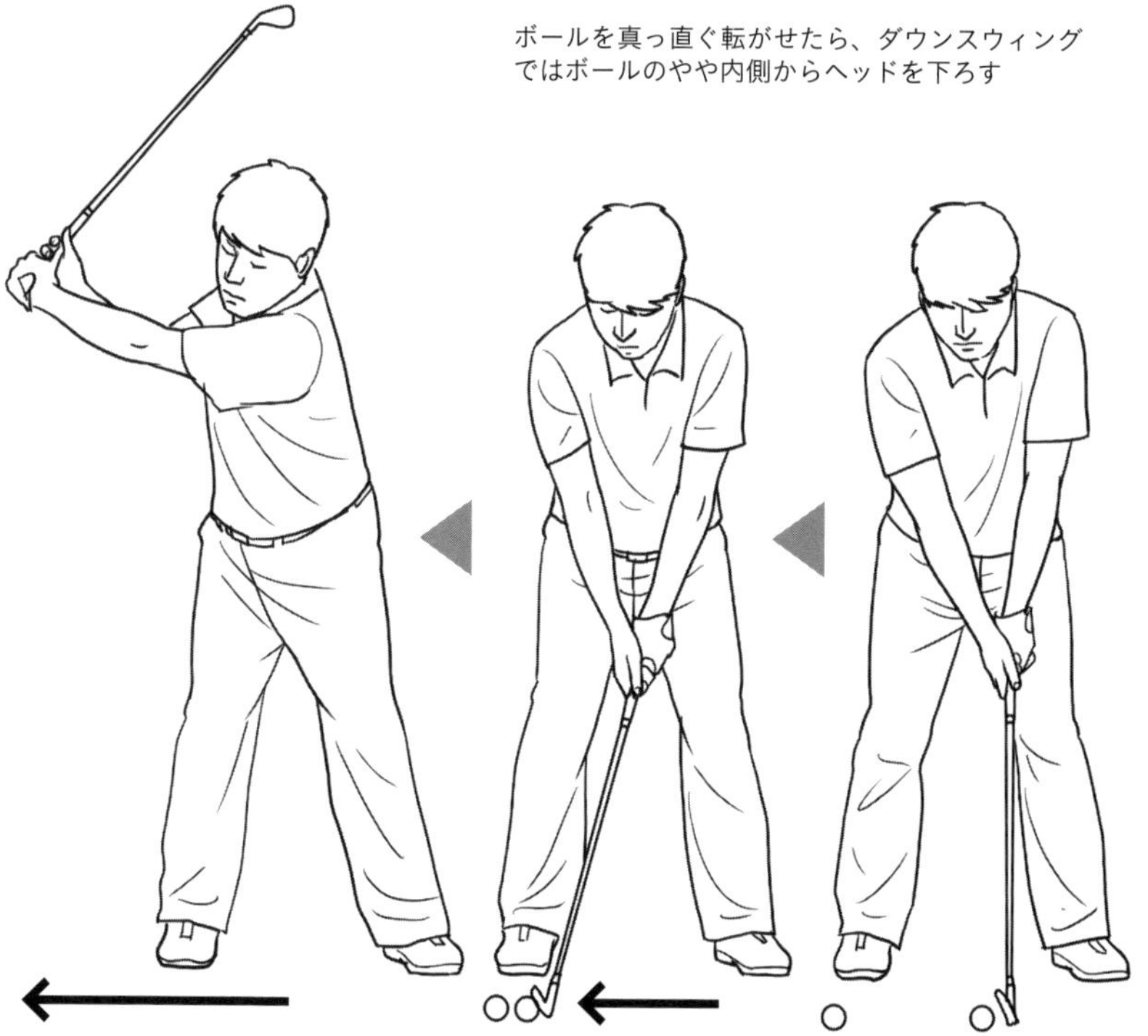

ボールを真っ直ぐ転がせたら、ダウンスウィングではボールのやや内側からヘッドを下ろす

「トップは傘をさすように トップが小さくフォローが大きい弓矢」

トップの右手の形は出前持ちのように。誰もが一度は聞いたことのある、レッスンの定番です。ただ、これについて荒川先生がおっしゃったのは、「半分当たっているが半分は間違っている」というものでした。

当たっているのは右ひじの位置とトップの大きさ。間違っているのは右手の向きで、「手のひらが空を向いていれば寿司は落ちないが、氣はボールには届かない」が、その理由でした。**「手のひらはそのままなにもしないでボールが打てる向き」**が正解で、**「トップは右手で傘をさすように。左手はそこに添えるだけで十分」**というのが荒川先生の教えでした。

アマチュアの方に圧倒的に多いのが、大きく高すぎるトップです。飛ばしたいという欲望がそうさせるのでしょう。飛ばそうと思って広くなりがちなスタンス幅と同じで、とにかくトップを大きく高くすれば飛ぶと思っている人が少なくないようです。これはドライバーに限ったことではありません。

たしかに同じ重量のものを10センチでも20センチでも高いところから落とせば、地面に落ちたときの衝撃が大きくなります。しかし、ここでも繰り返しますがスウィングは氣を軸とした円運動です。すでに手や腕、クラブが氣から外れたところにあっては、歪んだ円しか描けません。つまりエネルギー効率の悪い、どこかでムダな体の動きが求められるスウィングになるしかないのです。

それでも傘をさすような小さなトップで飛ぶのか、という疑問は残るでしょう。しかし、トップの大きさとフォローの大きさは、ザックリいえば反比例の関係にあります。これは弓矢を思い浮かべれば、容易に理解できることです。

矢と弦を引く右手はトップ、弓を持った左手がフォロー。さて、どちらが伸びて大きく、どちらが曲がって小さいでしょうか。これが反対であれば、矢は勢いよく放たれるはずもありません。

体の真正面でクラブを保つ時間はトップでつくられる

トップはバックスウィングの終点であると同時に、ダウンスウィングの始まりです。バックスウィングよりもスピードの速いダウンスウィングで、一度、円運動の軸である氣から外れた手や腕、ましてクラブを正常に戻すのは容易なことではありません。

そのような観点からトップの意味を考えてみます。

荒川先生の教えを通じて、現時点で私なりの考えをまとめるとこうなります。**スウィングで重要なのは、どれだけ長い時間、クラブを体の真正面に置いておけるかどうかです。**特にダウンスウィングからインパクトでは、体の真正面にあり続けるクラブが、体の真正面でボールをつかまえることが重要になります。このクラブが真正面にある時間をより長くすることが、トップの役割、意味だと思うのです。そのためにはトップまで絶対にクラブを、体の真正面から外さないことが重要だと私は考えます。

そのために両脇にタオル、あるいは両腕にゴムボールをはさんだり、５キロ程度のメディシンボールを後方に投げさせる練習はとても効果的です。捻転差は大きくても、手の動きは小さくて構いません。腕や手はなによりも体の真正面で一体感が重要です。

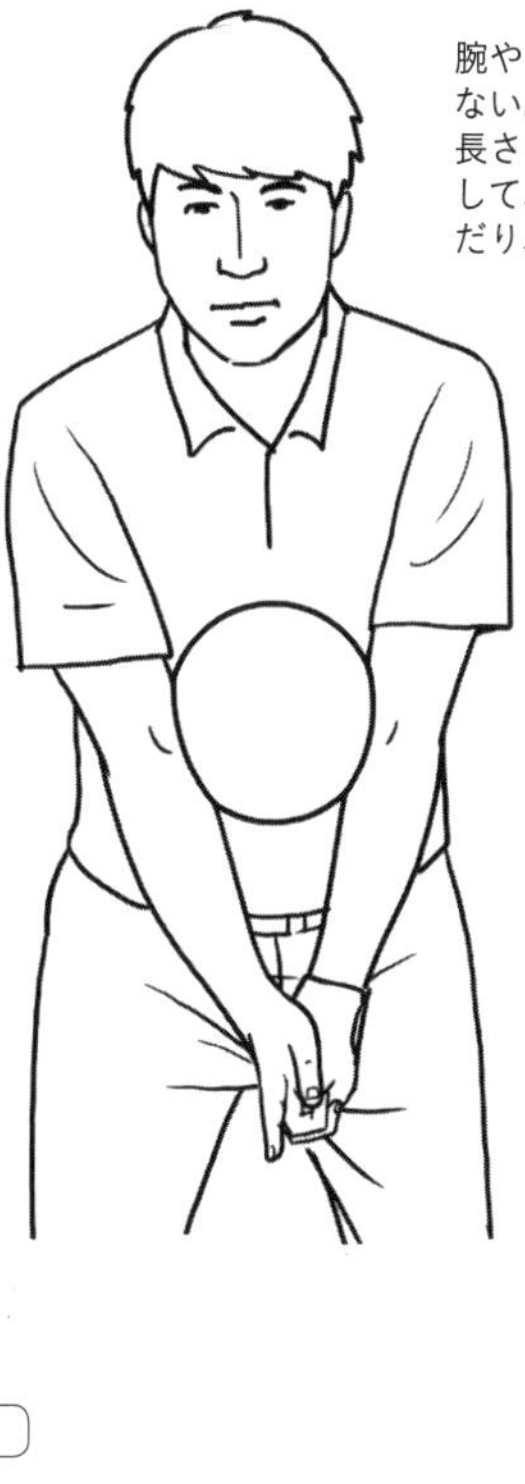

腕や手を体の真正面から外さない。真正面で保てる時間の長さを意識する。その練習として、両脇にタオルをはさんだり、両腕でボールをはさむ

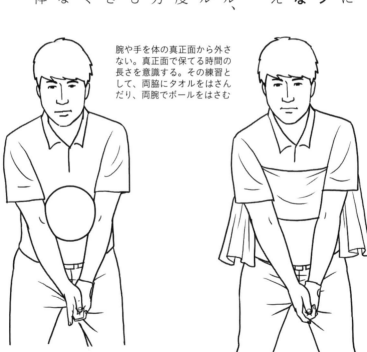

トップで楽しむ一瞬の静、グリップの位置だけは変えない

テークバックの始動と並び、スウィングのなかでもっとも難しいもののひとつに数えられるのがトップの切り返しです。そこで、なぜ難しいかをまず考えてみましょう。

テークバックの始動は、静から動へ、止まった状態から動き出すことが、難しいことの大きな理由でした。そこで、絶対に止まらずに動き続けることが重要だと述べました。止まっているボールを打つゴルフですが、スウィングは止まった瞬間にゲームオーバーです。

ところが矛盾するようですが、スウィング中にほんの一瞬、動きが止まる瞬間があります。それがトップの切り返しの瞬間です。ただし、止めるのではありません。静まるのです。その静の瞬間を感じること、もっといえば楽しむこ

とが切り返しを上手くいかせるポイントです。

カベに向かって投げたゴムボールは、ぶつかった瞬間に潰れます。しかしカベが衝撃を受け止めると、潰れたボールは今度は膨らみ、弾力によって跳ね返ってきます。カベにぶつかった瞬間はボールは止まっており、この瞬間、ぶつかって跳ね返ってくる時間こそが、スウィング中の唯一の静、言い換えればトップの切り返しで求められる〝間〟です。

では、それを体感する方法です。**傘をさすようなトップをつくったら、グリップの位置を変えずに、そこから少しだけ上体を捻ってみましょう。具体的には左肩を、無理のない程度にアゴの下に入れます。ほんの少しであっても、誰でも捻ることができるはずです。それが静です。**

クラブの動きに目を転じれば、トップで上半身の捻りが止まっても、まだまだシャフトは動いています。このシャフトの揺れが止まるまで静を楽しんだら、ようやく切り返しのタイミングです。多くのアマチュアのみなさんは、この静を楽しむどころか、感じることもできず待てないでいるのです。

「ダウンスウィングの始まりは氣と、左親指つけ根への強い踏み込み」

荒川先生が本格的に王さんの指導を始めたのは1961年（昭和36年）、王さんがプロ入り3年目のこと。すでに投手から打者に転向していた王さんのバッティングを見た荒川先生の感想は、「手と足がバラバラな動きをしている」というものでした。王さんは左打ちです。ダウンスウィングでは右足はステップしているのに、バットを持った手は後に動いていたそうです。

先生はよく「五体の間」という言葉をよく使われました。五体とは手、足、胴体、心、頭（脳）。それが同じ方向、同じ目的に向かって動くという意味で、それを動かすエネルギーが氣です。

いずれにせよ手と足の動きがバラバラで反対方向に動いては、思うようなバッティングができるはずもありません。当然のことながら、ゴルフのスウィングでも同じことがいえます。

さて、ダウンスウィングは、臍下丹田に鎮められた氣を、ヘッドを通してボールに向かって一気に出す動作です。スウィングにおける体の動きから見れば、上半身の捻りとそれを支える下半身の粘りで生じたギャップ、つまり蓄えたエネルギーを一気にボールに向かってぶつけることです。

具体的な動きとしては、やはりダウンスウィングも下半身リードで足から始まります。人間の体の動きは、下から動くのが理想であり自然です。ただしテークバックと同じように、ここでも足（下半身）を積極的に動かせ、ということではありません。

テークバックでは右足の親指つけ根に重心を集めるよう意識したのと同じように、**切り返しでは左足の親指つけ根に重心を集めるよう、強く踏み込む意識がいい**でしょう。足裏の意識と重心だけの移動ならタイミングもとりやすく、上半身から動いてしまう体のムダ、不自然な動きも防げるはずです。アマチュアの多くは、上半身から動いてしまうのが問題なのです。

ダウンスウィングでヘッドが垂れるのは、重力に逆らう反動のため

荒川先生がもっとも嫌ったのが、野球でもゴルフでも反動を使ったスウィングでした。

「動くという文字を分解すれば重力になる。反動は重力に逆らう反重力だ。地球上で重力に逆らったら、ヒットなんか打てるはずがない」

荒川先生が巨人のコーチだった昭和30年代、野球界では「ステップしてから振れ！」といった指導がまかり通っていたそうです。合氣道をはじめとした武道に通じた荒川先生は、**「剣道で踏み込んでから竹刀を振って、面と叫ぶ馬鹿がどこにいる」**と笑い飛ばしました。踏み込むと同時にバットを振る、いや勝手にバットが出るのが自然だと考えたからです。

ステップしてからバットを振ろうとすると、必ずどこかで重力に逆らう反動

の動きを入れなければなりません。具体的に野球では、ピッチャーが振りかぶったタイミングで、すでにトップができているにもかかわらず、グリップを後方や上方向に動かし、さらに大きなテークバックをしようとする動きがこれにあたります。

ゴルフの世界でも、昭和30年代の野球界と同じようなことが行われています。というのも多くのレッスンでは、いまだにスウィングを回転と体重移動に分けて教えようとします。それぞれを詳しく、丁寧に教えようというの姿勢はいいのですが、しかし**体重移動と回転が同時に起きるのがスウィング**です。

体重移動と回転を別に考えれば、反動が起きます。反動は筋力で重力に対抗しようとする行為ですから、特に上半身にリキみを生みます。その結果、ダウンスウィングが上半身から始まり、具体的には右脇が開き、クラブが遠回りして、シャフトが寝てヘッドが垂れる、という現象につながるわけです。重力には従っても、逆らってはいけません。

「ダウンスウィングでクラブは振らない。手元をお腹の下に落とすつもりで」

クラブを上手に振ろう、ボールを上手に打とうという意識は上半身にリキみを生み、スウィングに反動の動きが出やすくなります。グリップや肩、ひじに力が入っていると感じたら、なにより臍下丹田に氣を鎮めることが大事です。

その上でダウンスウィングでの体の動きについて、私は選手たちに、

「クラブは振るのではない。お腹の下に落とすつもりで！」

と、教えています。

アドレスでグリップは50センチ程度の高さから飛び降りたときの両腕の位置で、ちょうど肩かアゴの下の辺りになります。ダウンスウィングのグリップは基本的にはそこに戻ってくればいいのですが、どうしても手元が浮いてしまうゴルファーはプロでも多くいます。そこで意識としてはそれよりも内側という

意味で、「腹の下に」と教えているのです。

もちろん反動ではなく、重力を使って落とします。すでに述べたように、切り返しで左足の親指つけ根に踏み込むことで、下ろすのでも落とすでもなく、「落ちる」感覚がわかるでしょう。

特にダウンスウィングで手元が浮く選手には、次のような練習をさせています。ひとつはシャドースウィングで、ダウンスウィングでクラブを右足元に落とす練習です。ダウンスウィングでグリップエンドを地面方向に向けるのがポイントです。実際に打つ場合には、普通にセットしたボールを、高さ20センチほどの板に乗って打たせています。

ボールを2つ並べ外側のボールでアドレス。1個分内側のボールを打つ練習で「手元をお腹の下に落とす」感覚が身につく

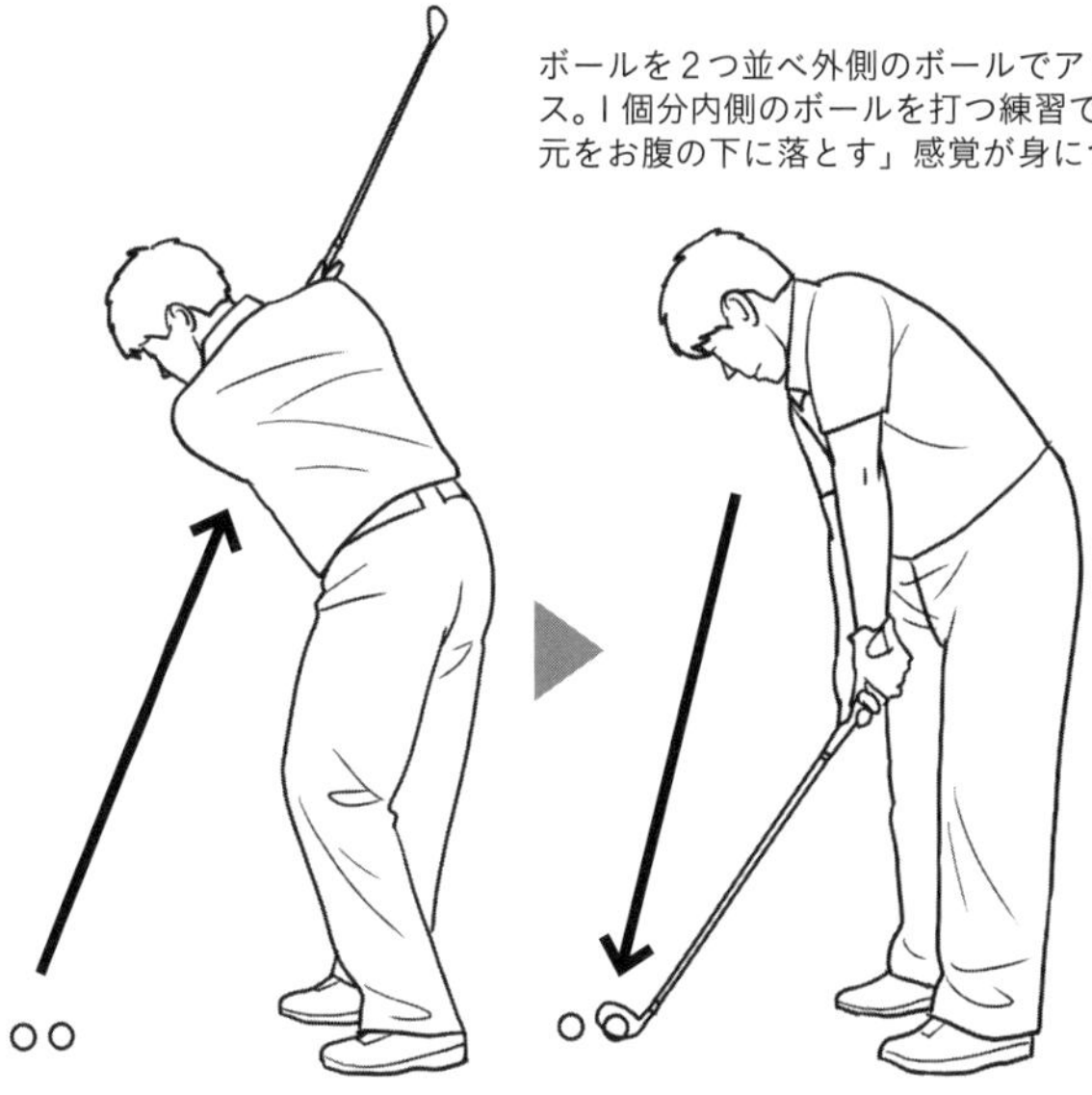

ダウンスウィングは胸の開きとの戦い、胸の真正面でボールを見続ける

実際にボールを打つのがダウンスウィング。そのため雑誌などでテーマになることも多く、私なども取材で一番、質問を受けることの多い分野です。たしかにアマチュアの方にアドバイスしたいことは山ほどあります。

ただ、トップの切り返しが始まったら、インパクトまでの時間は1秒もありません。どんなにヘッドスピードの遅い人でも、せいぜい0・5秒程度のもので、考える時間などまったくありません。打つ前の注意点を、打ち終わってから思い出す、という人も多いはずです。しかし、私にいわせればそれは当然で、そもそもダウンスウィングでの注意点が多すぎるのです。

ダウンスウィングでの勝負は、胸がボールに向いている時間がいかに長いか、にかかっていると私は思っています。これはプロであれアマであれ、どんなレ

ベルのゴルファーにもいえることで、理想をいえば打ち終わってもなお、胸がボールを見続けていられれば最高です。あらゆるダウンスウィングでの注意点、たとえば腰の開き、右ひじの使い方などは、胸が長くボールを見続けるための方法と理解すべきでしょう。そして、その最善の方法が氣がボールに届いているかどうか、だと私は考えています。

ちなみにバックスウィングとダウンの時間比は３：１とも４：１とも。どちらもいろいろ考えるには、短すぎる時間です。

空のキャディバッグの両側を持ち、腰から腰までシャドースウィング。「胸の真正面でボールを見る」感覚を身につける練習

［ドライバーもダウンブローで打つべきか？ONのダウンブロー練習法］

荒川先生のスウィング理論の柱のひとつが、野球でもゴルフでもダウンブローでした。クラブが遠回りすることなく、最短距離でボールをとらえる打ち方です。当然、私もそう考えていますが、多くの方から受ける質問が、「ティアップしたドライバーショットもダウンブローですか？」というものです。

結論からいえば、**ドライバーもダウンブローで打つべきです。**荒川先生によれば理由は単純明快で、「ゴルフはボールが下にあるのだから、上から下に向かって打つのは当たり前」となります。

たとえば極端なつま先上がりで、ボールが目の上にあったとします。野球ではは往々にしてあるわけですが、だからといってアッパーブローに振るわけではありません。むしろ、それでは空振りしてしまうでしょう。たしかに目の上を振りますが、ボールに向かって一直線に振るのであって、そういう意味では一直線ダウンブローです。ちなみにボールが下にあり、クラブにロフトがある以上、パターもダウンブローで打つものだと私は思っています。

さて、荒川先生から巨人のV9時代のONの、それぞれ面白いダウンブローの練習法をお伺いしたので紹介しておきます。

まず王さんはカベと1メートルくらいの間隔で正対し、カベに当たらないようバットを振ったそうです。バットが寝るドアスウィングだと、どうしてもカベにバットが当たってしまうからです。ダウンブローとともに、いわゆるヘッドが走るという感覚も、これで身につけたといいます。

長嶋茂雄《ながしましげお》さんの場合は、遠征先の旅館のふすまを外し、それを何人かに畳と平行になるように持たせて、その上を振ったそうです。調子が悪くなるとヘッドが垂れ、ふすまの下側からバットが入るのを防ぐためでした。つまりアッパーブロー、レベルブローの矯正です。王さんに比べるとやや横振りというだけであって、長嶋さんもまたダウンブローだったのです。

打つ、叩く、当てるではなく、ボールの芯をヘッドで斬り抜く

ダウンブローといったとき、アマチュアの方が勘違いしがちなのが、「クラブを上から落としてボールに当てる」という意識、イメージでスウィングを終えてしまうことです。ボールに当てることだけに一生懸命では、当然、上半身に力が入り、ダフリやトップ、ヒッカケ、シャンク……と、あらゆるミスの原因になります。ミスですめばまだいいのですが、手首やひじ、肩、腰の故障の原因にもなりかねません。

繰り返しますが荒川先生のスウィング理論の二大柱は、ダウンブローとインサイドインです。インサイドイン軌道とは、ダウンで体に近い内側から下りてきたクラブが、インパクトからフォローにかけて、やはり体に近い内側を抜けていく、という動きです。

荒川先生が王貞治さんたちに、束ねた藁を日本刀で斬らせた練習はあまりにも有名です。最初はなかなか斬れません。斬れないどころか刃が藁の束にも食い込まず、力任せに斬ろうとすれば刃こぼれしたといいます。真剣は1・5キロほどありますから、力任せに振り回した翌日には筋肉痛で腕がパンパンに腫れ上がったそうです。ちなみに野球のバットは900グラム前後、ゴルフのドライバーは300グラム前後です。

つまり、真剣でも力では藁の束は斬れない、ということです。**「力を入れずに氣を入れろ」**も先生の口癖でした。剣術の世界では切っ先三寸という言葉があり、剣の先っぽの約10センチで斬るという意味ですが、これはゴルフクラブでいえばヘッドになります。つまり氣で切っ先であるヘッドを走らせることが大事なのです。先生いわく、

「ボールは打つもので、叩くものでも、ぶつけるものでもなく、スパっと真っ二つに芯を斬り抜くもの」

ここでは、そのイメージだけを強く描くことにとどめます。

スウィング中の肩の高さが変わったら、ボールを真っ二つには斬り抜けない！

ここからは実際に日本刀で藁の束を斬り抜くように、スウィングでボールを真っ二つに斬り抜くための具体的な方法について考えましょう。

再び王さんを話を戻します。王さんをはじめ荒川先生の弟子たちは、次々に藁が斬れるようになっていくのですが、最後まで斬れなかったのが、後に巨人のヘッドコーチを務められる須藤豊《すどうゆたか》さんだったそうです。どうしても斬れない須藤さんは、最後には泣きながら「自分の耳を削ぎ落としてもいい」と、捨て身の覚悟で振り抜いたそうです。すると初めて、藁の束が真っ二つに斬れたそうです。しかも耳を削ぎ落とすように、やや斜めに振り抜いたのに、藁の切り口は水平でした。

このエピソードには、いくつもの打撃の真髄ともいえるヒントが隠されています。ひとつは右の耳を削ぎ落とすつもりで、グリップの位置を変えず、反動を使わずに日本刀を振り抜いたこと。自分では斜めに揃ったつもりが、真っ二つとなった藁の切り口は、ほぼ水平であったこと。**つまり反動を使った力任せではない、ダウンブローだけがボールを真っ二つ斬り抜ける**、ということです。

ダウンブローというと「クラブを上から落としてボールに当てるいわゆる大根切り」と勘違いする人がいます。しかしダウンブローと大根切りの違いは、スウィング中に肩の高さが変わるかどうかです。アドレスで同じ高さだった肩が、ダウンスウィングで右サイドがかぶり右高、左低になるのが大根切り。反対に右低、左高はボールを上げよう、飛ばそうという力任せのアッパーブロー、自分ではレベルに振っているつもりでも、ダウンスウィングでヘッドが垂れるのも同じように肩の高さが変わります。

どんな振り方であれ、スウィング中に肩の高さが変わったら、振り抜くことはできません。体が上手く回転しなくなるからです。当然、ボールを真っ二つに斬り抜けるわけもありません。

「クラブがいい位置に下りたら、右ひざをクルッ！」

日本刀で藁の束を斬るのは、力ではなく回転のスピードです。そのためにスウィング中に肩の高さを変えないことが大事でした。そして、さらに回転のスピードを高める方法が、右ひざの使い方です。荒川先生はよく、

「クラブがいい位置に下りたら右ひざをクルッ！」

と、体を飛球線方向に軽やかに向けては、そういわれたのを思い出します。

もっともこれについて私は、**クラブがいい位置に下りるよりも先に、右ひざが回転しているような気がします。**前にトップの切り返しは、左足親指つけ根に向かって重心を移すように一気に踏み込む、と書きました。このときに同時に右ひざを回転させると、切り返しのタイミングやダウンスウィングが、とてもよくなる選手が多いからです。

こうした動きを言葉で説明するには限界があります。というのも、どうしても左足を踏み込む、クラブがいい位置に下りる、右ひざをクルっと回す、と、別々に順番に説明するしかないからです。

ここで重要なのは、**ダウンからインパクトの間に右ひざをクルッと回せば、回転スピードが上がる**ことは間違いない、ということです。ついでにいえば、ダウンスウィングで肩の高さが変わると、この右ひざのクルッが上手にできないこともつけ加えておきましょう。

右ひざをクルッと回転させて、ヘッドスピードを上げる

左ひざは柳と同じ。スピードと強さを柔らかさで受け止める

ダウンスウィングのどの段階かは別にして、右ひざをクルッと回すことが、回転スピードを上げるポイントでした。その回転のスピードと強さを受け止めるのが、左ひざと左足親指のつけ根です。いわゆる左のカベと呼ばれるものですが、ここで重要なのは柔らかく受け止める、ということです。

スウィングにおいて、左のカベが重要なのはいうまでもありません。しかし、カベという言葉の印象でしょうか。強く、硬い印象があり、リキんで体を強ばらせてしまう人が多い気がしてなりません。リキみがブレーキ、脱力がアクセルであることはすでに述べました。大雪で松は折れても、柳が折れないのは柔らかいからです。左のカベは、そのようなイメージを持つべきです。実際、荒川先生がバットやクラブを持ってシャドースウィングをすると、85歳とは思え

ぬスピードで振りながら、その動きは日本舞踊のようなしなやかさでした。

回転とスピードを柔らかく受け止めるのが左ひざです。ひざに限らず関節は緩衝材の役割を果たしますから、これを柔く動かせるよう意識することはとても重要です。

そのための練習法として私たちは、左の足の甲に砂を乗せて素振りしたり、ボールを打っています。砂が落ちないように振ることで、いわゆる左ひざの割れが防げ、柔らかく、強い左サイドのカベができます。

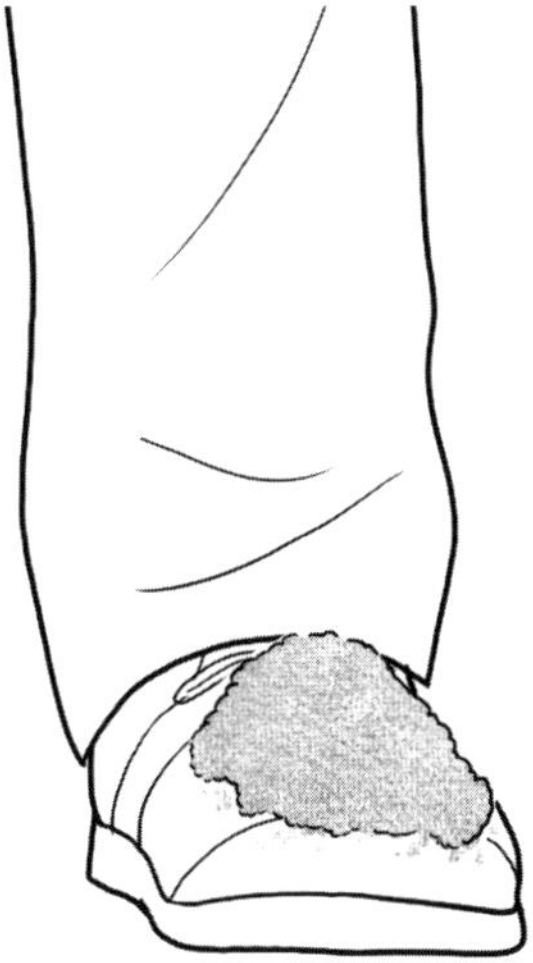

左足に乗せるのは砂でなくてもヘッドカバーなどでもOK。左足が暴れて落とさないようにする

イチローはベースの前でボールをつかまえる。インパクトは左足のかかと線上

かつてNHK・BSが、イチロー選手のメジャーリーグ通算3000本を記念して、そのすべてのヒットを特別番組で放送したことがありました。荒川先生から「参考になるから絶対に観ておけ」と紹介され、録画したDVDはいまも大切な教材になっています。

さて、最初にそれを観たとき、私などはその技術の高さ、ヒットの美しさに、ただただ感動したのですが、荒川先生の洞察力と本質を見抜く眼力には舌を巻いたものです。

先生が注目したのは、バットがボールをつかまえるヒッティングポイントでした。3000本のヒットは、ほぼ例外なくベースの前、左打ちのイチロー選手の場合、右足の前でボールをつかまえていました。

荒川先生は、ヒットを打ったときのイチロー選手のバットは「絶対にベースを横切っていない」といいます。これは王さんも同じで、ボールに向かって一直線にバットを振り降ろすダウンブローだからです。バットがベースを横切るのは、バットが寝てヘッドが垂れるからで、ボールに食い込まれて空振りか打ち損じにしかなりません。その原因は特に上体のムダなリキみ、そのリキみが生む反動であることは、これまで述べてきた通りです。

荒川先生はまた、「これが体の真正面で打つということ」ともいいました。**なぜベースの前でボールをつかまえるのが、体の真正面かといえば、それはスウィングで体が回転、遅れてきたバット（クラブ）が手元を追い越して、いわゆるヘッドが走ってボールをつかまえるからです。**

これをゴルフに当てはめると、ベースの前はドライバーでなら左足かかと線上、ボールを打った後に最下点がくるアイアンならボールの約30センチ先あたりになるでしょうか。ただ大事なのはボールポジションではなく、そこをインパクトに、氣をボールに強くぶつけられるかです。

インパクトを強く、鋭くする両手のしぼり

荒川先生から教わった体の動きのなかで、特に刺激的で衝撃的だったのが、**両手の〝しぼり〟**という動きです。特に右手のしぼりについては、実際にその動きをスウィングに取り入れると、目からうろこが落ちるような思いでした。

「しぼりがなければ、日本刀で人を斬ることはできない」

とのこと。すでに何度も登場した、王さんたちの真剣で藁の束を斬る練習も、突き詰めればこのしぼりを身につけるためのものだったようです。

しぼりというと多くの人は、雑巾しぼりを思い出すでしょう。しかし剣術、野球のバッティング、そしてゴルフスウィングでいうしぼりは、握り方からまったく違います。その最大の違いは、**水の出る方向**です。雑巾をしぼれば水は下に落ちますが、スウィング中のしぼりは消防ホースのように前に前にと出し

ていくイメージです。小祝さくらプロはこのしぼりで飛距離を10ヤード伸ばしました。

具体的にはインパクトからその直後、右の手のひらと左手甲を、地面に向ける動きです。厳密にいえば向けるのではなく向く、〝しぼる〟ではなく、勝手に〝しぼれる〟動きを指します。右手人差し指を立てて、水が前に飛んで行くよう意識し、素振りしてみましょう。反対の動きをすれば、水が下に落ちることもわかります。

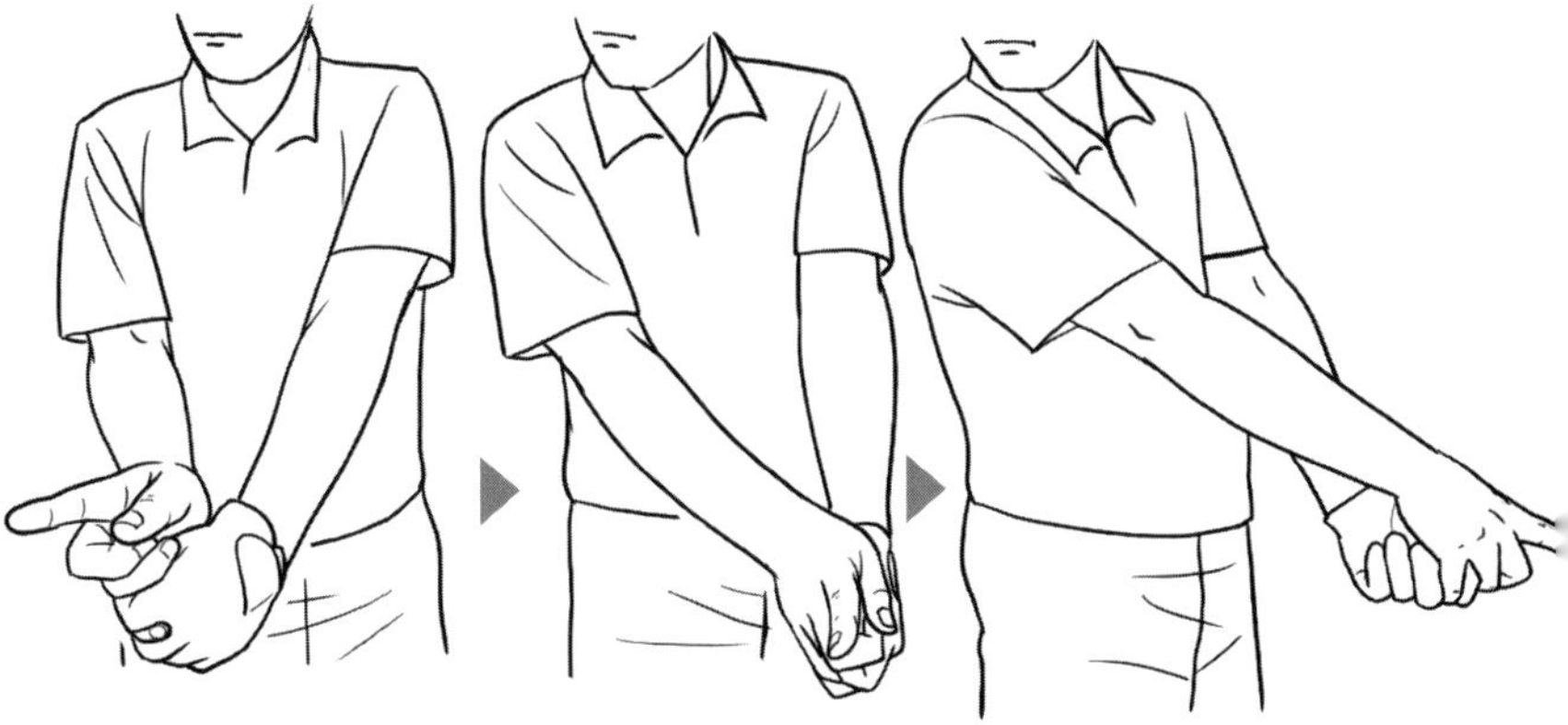

これだけフォローでしぼっても、体が回転すればスクウェアになる

しぼりは右ひじを柔らかく、腕をムチのように使うこと

スウィング中に〝しぼり〟をしたら、腕が捻れて悲鳴をあげるのではないか、と思う人もいるでしょう。荒川先生にこの動きを教えてもらった当初の私がそうでした。ましてや荒川先生は、しぼりを繰り返すばかり。腕からひじ、肩、首に激痛が走ることもありました。

しかし、これを繰り返すうち、荒川先生のいう「しぼるのではない。勝手にしぼれる」という意味が、少しずつ理解できていくようになりました。というのも体のどこかに痛みが現れるのは、自分でしぼろうとするリキみだったからです。

そこで腕をブラブラにして、しかもシャフトの柔らかいクラブを振ってみると、不思議なことに腕が勝手にしぼれ、しかもまったく痛みが走りません。こ

のしぼりの動きを身につけるため、私は**スポーツタオルの先端を結び、それを選手たちに振らせています。**柔らかいタオルだとグリップを強く握ることもありませんし、力任せに振ると上手に振れません。右肩に乗せたタオルを左肩に乗せるつもりで振って、タオルが首に巻きついたとき、その手の動きがしぼりだと初めて気がつくのです。

そのためのコツはひじ、特に右ひじの力を抜いて、どれだけ柔らかく使えるかだと思っています。トップでは曲がってる右ひじは、ダウンで徐々に伸び始め、インパクトの直後には真っ直ぐに伸び、そしてしぼれて体に巻きついていくのです。このようにひじを柔らかく、ムチのように使うことで、スウィングの回転、ヘッドスピードが速くなります。

荒川先生のインサイドイン、つまりインパクトの直後にインに振り抜いていく軌道は、しぼりなしにはできないスウィングです。ちなみに全盛時代の王さんのスウィング写真は、私たちが振るタオルのように、振り抜いたバットが体に巻きついているように見えます。

似て非なる〝しぼり〟と〝こねる〟。体の真正面でできるかどうか

しぼりについて説明すると、リストターンやフェースローテーション、あるいは〝こねる〟という動きとどう違うのか、という質問をよく受けます。

それに対して私が答えるのは、

「自分で意識してやろうとするリストターンやフェースローテーションが〝こねる〟。結果としてできているリストターンとフェースローテーションが〝しぼり〟」

というものです。もっとも、これでは〝しぼり〟と〝こねる〟の違いと、ほぼ変わらないかもしれません。

しぼりとこねるには、決定的な違いがあります。それは、**しぼりは手が体の真正面、ヘソの位置にきたときに行うのに対し、こねるのは体の真正面から外**

れたところで行う、ということです。体の動きでいえば**右ひじの向きが変わらず手首だけが返るのがしぼり、右ひじの向きが変わるのがこねる、**です。

ゴルフのクラブの場合、硬い野球のバットと違って柔らかいので、しなりも大きく、またヘッドも手やシャフトを追い抜いてインパクトを迎えます。まさに、しぼりは手元が体のヘソの前にあるインパクト直前にやることで、シャフトもしなり、ヘッドも走り、ヘッドスピードも上がる、というわけです。

もっともこれを体の動きやタイミングで考えると、これまでのレッスンと変わりません。しかし、ここで荒川先生のいう氣を中心に考えると、とてもシンプルで理解しやすくなります。つまり**スウィングは常に氣の枠内で行い、氣がヘッドまで通っていれば、当然、インパクトで吐き出された氣が一気にボールにぶつかるわけですから、しぼりも自然と起きる**のです。これが、

「自分ではしぼるのではない、しぼれるのだ」

という、荒川先生の言葉の真意だと私は思っています。右の人差し指を立て、氣がボールにぶつかるように素振りを繰り返すだけでいいのです。

インパクトではヘッドの入り口からは目を離さない

さて、インパクトの注意ポイントとして、目線についても触れておきましょう。私が指導している選手たちは、時間さえあればアドレスの構えから、練習場の柱やキャディバッグを右手で叩いています。この練習にはいろんな意味があるのですが、一番大きな目的がインパクトのときの目線なのです。

「ボールをよく見ろ」は、野球でもゴルフでもよくいわれることです。しかし、荒川先生はボールは心眼で見るものであって、ボールばかり見るのは氣の散る行為だといいました（P38参照）。その意味の深さはわかりますが、まだまだ私などはそのレベルに達していないことも事実です。

そもそもボールを見るのか、見ないのか。選手たちに質問されては、私なりに考えたのが、右手で柱やキャディバッグを叩く練習法でした。

どういうことかといえば、ボールを見る、見ないより重要なのが視界です。ヘッドアップはもとより、ダウンスウィングでの突っ込みや伸び上がりは、すべてスウィング中に視界が変わることにあります。

また、そんな観点から多くの人のスウィングを見ていると、ボールを真上から見ている人が多いことに気がつきました。スクウェアに構えることを意識するあまり、ボールと正対して構える人が多いせいでしょう。クラブの中でもっとも飛球線方向にボールをセットするドライバーでも、ボールを真上から見ようとする人がとても多いのです。ちなみにその視界が、両足のつま先を結んだラインが真っ直ぐでも、腕や肩、腰といった右サイドがかぶったアドレスになっていることもつけ加えておきます。

そこで**ボールの飛球線からやや後方、ヘッドの入り口を見るように構えさせ、そしてインパクトまではその視界を崩さないための練習が、この右手で柱やキャディバッグを叩く練習なのです。**ちょっとしたことですが、インパクト前後のしぼり、シャフトをしならせヘッドを走らせることにつながります。

インパクトの形からボールを押し、ボールを真っ直ぐに転がしてみる

インパクトのおさらいに、もうひとつ私たちがよくやっている練習も紹介しておきましょう。

それは**インパクトの形をつくり、バックスウィングなしでボールを押す、という練習です**。

インパクトはアドレスの再現とはいいますが、厳密には理想的なインパクトができるよう、逆算して構えるのがアドレスです。アドレスでヘソとボールを結んだ氣は、インパクトで最大限に放出されます。そのためアドレスよりもインパクトの方が、ヘソとボールが氣で結ばれている感覚が理解できるはずです。

その意味でもインパクトの形をつくるのは、とてもいい練習です。

インパクトでヘソと氣を結ぶと腰が入った、いわゆるハンドファーストの形

ができます。

その状態からバックスウィングなしでボールを前に押してみましょう。このときボールを真っ直ぐ転がすことが重要です。**ボールが真っ直ぐに転がれば、しぼりができた理想的なインパクトとフォローができた証明**になります。

実際、腰の入ったハンドファーストの形ができなかったり、あるいは手をこねたり、左手を伸ばして押しても、ボールは真っ直ぐには転がりません。しぼりの動きにだけ限っていえば、ボールを真っ直ぐに転がすためには、右手の甲を上に向け、さらに体を回転させなければならないことに気がつくことでしょう。

さらにしぼりだけでなく、このとき右サイドから左足親指のつけ根に踏み込む感覚、腰の回転、右ひざをボールにぶつけるようにクルッと回す感覚、さらに手がしぼれた分、左に振り抜いていく感覚、つまりインサイドインのスウィングプレーン……などなど、ここまで私が紹介してきたほとんどのことは、この練習によって身につけることができるはずです。

「ボールの30センチ先を目がけて振り、ハンドファーストのインパクトをつくる」

ダウンブローを強く意識すると、大根切りでボールにクラブをぶつけるだけで、スウィングを終わりにしてしまう人がいます。体の近くを通り、ボールに向かって一直線に下りたクラブは、フォローで体を回転させてインサイドに振り抜いていかなければなりません。荒川先生の打撃理論がダウンブローとインサイドインを二大柱として、セットで重要性を語っているのはそのためです。

強く意識しすぎることで大きな勘違いや、さまざまなミスを引き起こすものに、インパクトでのハンドファーストがあります。手元を前に出せばいいと安易に考える人も多く、手元だけを先行させれば体が回らず、左脇が開き、ロフトが寝てフェースが開き、理想とはまったく正反対のスウィングになってしまいかねません。

そこで**30センチに仮想のボール置き、そこを目がけて振ってみましょう。**実際に選手たちは練習場で30センチ先にガムテープを貼るなどしてやっています。

その結果がハンドファーストであり、またフォローで左ひじが引けず、クラブと腕が一直線になり、ビハインド・ザ・ボールで頭が残り、インパクトゾーンが低く、長くなって、ヘッドが走り、それこそボールが真っ二つに斬り抜く感覚が身につく、というわけです。

振りやすい8番か9番アイアンを短く持ち、毎日やるだけでも上達は間違いありません。

ボールの30センチ先を目がけて振り、低く長いフォローを出す

インパクトで目線をボール1個戻す意識でビハインド・ザ・ボール

スウィングは求心力と遠心力との引っ張り合いです。その力が最大になるのが、両腕とクラブが一直線になるインパクト直後のフォローです。ヘッドアップはその引っ張り合いを小さく、あるいはなくしてしまう動きであり、そのために「頭を動かすな」という定番のレッスンにつながっています。

ただ、ここでも頭を動かさないことを必要以上に意識するとリズムがなくなり、氣が上半身に上がって硬くなり、ガチガチのスウィングになる人も少なくありません。これは前出の「ボールをよく見ろ」にも通じるものです。

そこで、ここでも少し視界を意識してください。先ほど、アドレス時には、ヘッドの入り口であるボールの後方を見て、インパクトでもその視界を変えないことが重要だと書きました。

それでもスウィングは飛球線方向への体重移動、回転があります。また、結果を早く見たいのか、ボールの行方を追って頭が動いてしまうアマチュアも少なくありません。そんな人ための練習法として、**インパクトの瞬間に目線をボール1個分、後に戻す練習**をお薦めします。目線、つまり眼球を動かすだけなら、頭は動きません。なにより、そういう意識を持つだけで、頭の飛球線方向への動きも防げるはずです。これも調子が悪くなった選手には、ボールの後方にガムテープなどを貼って練習させています。

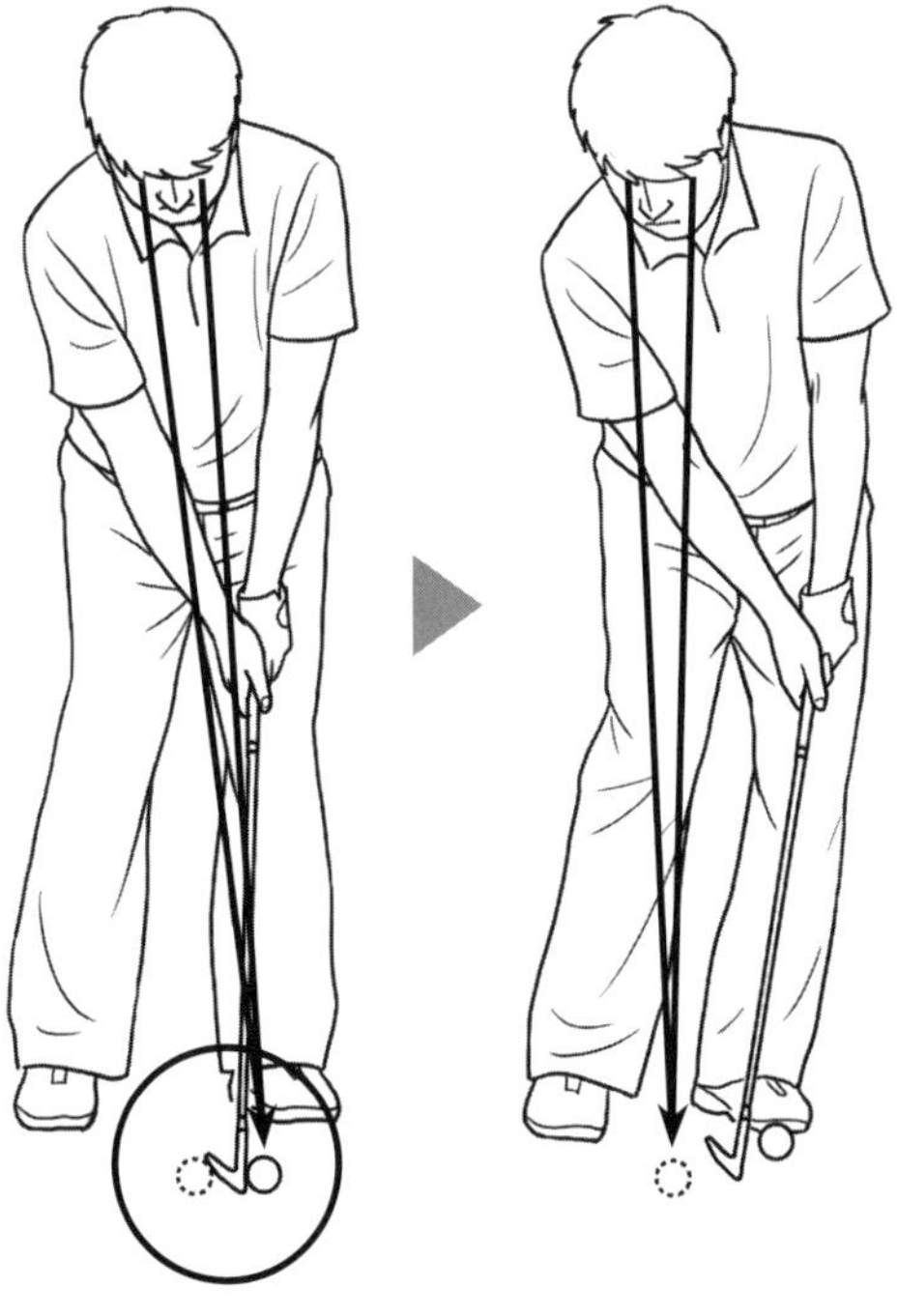

インパクトの瞬間、セットしたボールから１個分、目線を戻す

行きがあれば必ず帰りがある。フォローが遠くに出れば、腕は必ず戻ってくる

みなさんが思っている以上にホームランバッターのスタンスは狭く、そのトップも小さいことはすでに述べました。左耳の高さで構えた王さんのグリップは、まさに「トップは傘をさすように」。その位置はダウンが始まるまでまったく変わりません。一本足打法は上げた右足を踏み込むことから始まりますが、体の近くに一直線に強く、鋭く踏み込むことで、回転のスピードを上げています。

トップは想像以上に小さいのに、フォローが大きいのが王さんの一本足打法でもありました。荒川先生は**「トップが3、フォローが7の意識で振れ」**とよくおっしゃったものですが、一本足打法はまさにその師匠の言葉を体現するスウィングでした。

その小さなトップ、大きなフォローで世界のホームラン王の王さんから、私が聞いた言葉が次の言葉です。

「ヘッドが遠くに出れば、重いヘッドは必ず戻ってきます。行きがあったら必ず帰りがあるものですから」

ひるがえってアマチュアの、いやプロであってもゴルファーのスウィングはどうでしょう。飛ばそうと大きく振りかぶったり、あるいは当てよう、上手に飛ばそうと、ダウンで左脇が開いたり、左の腰が引けたり……王さんとはまったく反対の、トップが大きく、フォローが小さい人は少なくありません。

「フォローが遠くに出れば腕は必ず戻ってくる」とは、打ち終わったあとの王さんの腕やバットが、体に巻きつくような状態をさしています。これは氣の範囲で、氣の枠からはみ出さずに振っていれば、どんなに遠くに出た氣でも必ず戻ってくる、という意味も含んでいるのでしょう。腕が戻らないばかりか、フィニッシュでバランスを崩すのは氣の枠からはみ出した証拠です。

フィニッシュは氣の収まりどころ。すぐに戦える不動の構え

ほとんどの人は、打ち終わったあとのフィニッシュがスウィングの終着点と考えます。そのためインパクトまでがスウィングで、打ち終わった後はどうでもいい、と考える人もいるようです。ショットを打つという行為を考えればそうかもしれませんが、しかし氣の流れから見ると大きな間違いです。なぜなら氣はインパクトで一気に放出されますが、しかし臍下丹田が空っぽになっているわけではありません。**人間の体は臍下丹田に氣がいつでも充ちていることが重要です。インパクトで放出されても止めた氣は臍下丹田に残り、さらに新たな氣がそこに集まってくるべきものです。**

すでに武道に伝わる残心については述べました（P34参照）。技をかければ、そこで終わりではなく、そこに心が残っていなければひとりを倒しても次から

次へと襲ってくる敵に倒されてしまうことでしょう。野球もバットを振って終わりではありません。打ち終わってすぐに一塁ベースに走り出せるのは、そこに心が残っているからであり、心とは氣と言い換えてもいいでしょう。

だとすれば、**ゴルフのフィニッシュもまた残心がなくてはなりません。その状態から再びアドレスの形に戻れないバランスの悪いフィニッシュは、氣がそこにないことを意味しています。**

さらにスウィング軌道に関していえば、アマチュアに多いアウトサイドインも、多くの指導者が推奨するインサイドアウトも、手元が体から外れるのですから氣が抜けたスウィングといわざるを得ません。ダウンスウィングで体の近くをクラブが通るダウンブロー、インパクト以降、腕やクラブが体に巻きつくようなインサイド軌道が「氣が充実したスウィング」という荒川先生の主張へとつながります。いずれにしてもフィニッシュはスウィングの終わりではありません。

はじめに氣の収まりどころであるフィニッシュを決めてからスウィングを始める、という新しい発想が求められます。

ショートゲームこそボールが止まるまでフィニッシュをとる

スコアメイクのカギは、ショートゲームです。そのショートゲームに関して、プロとアマチュアには大きな違いが2点あります。

そのひとつが、練習に対する姿勢です。アマチュア、それもなかなかスコアアップしないアマチュアほど、大きなクラブを大きく振る練習をしがち。これに対しプロや上級者は小さいクラブで、距離を打ち分ける練習がほとんどです。

どのクラブでどんな練習をするかは、1ラウンドのクラブの使用頻度を知っておくことが大事です。どのレベルでも、もっとも使用頻度の高いクラブはパターであり、その意味ではアマチュアの方もパッティングの練習はもう少し増やすべきでしょう。また**練習はミスを取り返せないショットを中心にやるべきです。**ドライバーを曲げても挽回できるチャンスはありますが、1メートルのパットを外せばもう挽回はできません。

　それとも関係しますが、プロとアマのもうひとつの大きな違いがフィニッシュです。というのも、スコアが90以上のアマチュアで、パッティングやアプローチでフィニッシュをとる人を私はほとんど見たことがありません。致命的なミスに直結するパッティングやアプローチこそ、強い氣が求められるのです。ショートゲームでプロや上級者がボールが止まるまでフィニッシュをとるのは、まさに無意識に「氣が抜けない姿勢」を「ヘソで決めて」いるのです。**ショートゲームこそ、ボールが止まるまでフィニッシュ！**です。

ショートゲームは、ボールが止まるまで氣を抜くな！

「アプローチはボールの近くに立って、ゴミをゴミ箱に放るように縦振り」

「窮屈を恐れるな」は、荒川先生の大事な教えのひとつでした。ショートゲームで多くのアマチュアがフィニッシュをとらないのは、この窮屈を恐れ、逃げ、氣が抜けてしまうからです。

荒川先生の言葉は後に詳しく説明するとして、窮屈に関連してアプローチのアドレスについて書いておきましょう。結論を急げば、アプローチのアドレスは、可能な限りボールの近くに立って、可能な限り縦振りしましょう。特にグリーン回りでは、この意識が重要です。

アマチュアの人は、見ているこちらが怖くなるほど、とにかくボールから遠すぎ、そしてボールを左に置きすぎです。そのために当てることに一生懸命で、ボールをカップの近くに寄せる、あるいはカップに入れるということをまったく忘れてしまっています。

ゴミを丸めて部屋の片隅にあるゴミ箱に入れるとき、みなさんはどのように投げるでしょうか。腰と太ももあたりに手がぶつかるくらい、手を体の近くを通して下手で放るはずです。ちなみに少し距離があれば上手投げでしょうが、このときの手は耳の近く、傘をさすようなトップです。

アプローチは、ゴミをゴミ箱に放るイメージです。グリーン周りのアプローチはボールの近くに立って、縦振りです。

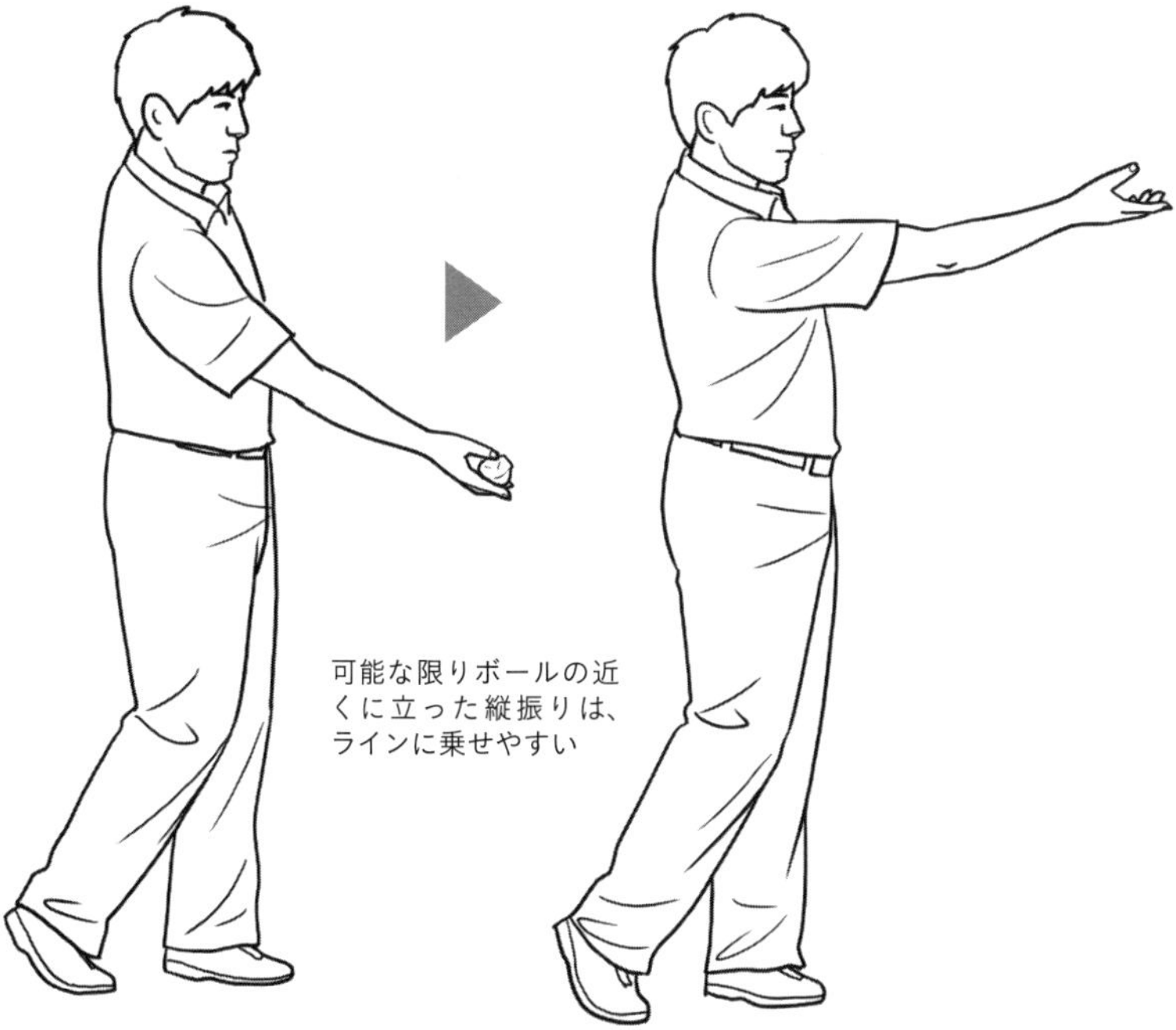

可能な限りボールの近くに立った縦振りは、ラインに乗せやすい

ヘソとヘッドをターゲットに向けて、明確な球筋のイメージをつくる

アプローチでなにより大事なのは、アドレスで打ちたいボールの球筋が決まっている、ということです。球筋を言葉で説明すると、ボールの高さ、勢い、落とし場所、落ちたあとにどのくらい転がるのか、落ちてどの方向に曲がるのか……といった、すべてものが含まれます。言葉にすれば複雑ですが、映像としてどんなボールを打つのか球筋をイメージする作業はとても大事です。

これはパッティングにもいえることですが、多くのアマチュアが考えるのは距離だけのようです。もちろん距離は、ショットを打つための重要な情報です。しかし同じ100メートルを自転車で走ったとして、上り坂と下り坂ではスピードも違えば、そのタイヤが辿る軌跡も違うでしょう。球筋とはそういうことです。

先ほどもいったように、ショートゲームのミスは挽回のしようがない致命傷になりかねません。だからこそショートゲームのアドレスでは、自分が打ちたい球筋をより明確にイメージすることが重要なのです。

では、どのようにイメージするか。これはインパクトの形をつくり、さらにフィニッシュの形をつくって、そこから逆算して動きを戻せば、それがアドレスの形になるでしょう。当然、最初にインパクトを作りますから、ボールポジションも自ずと決まります。低いボールは近くで右、高いボールは遠くて左……といった知識を持つことも重要ですが、インパクトの形をつくったら、こういうボールが出る、という明確なイメージ、映像を描くことのほうが重要だと私は思います。

その上でアドレスの形のスタートがフィニッシュだとしたら、その基本は**ヘソとヘッドをターゲットに向ける、**ことです。それにより方向性がよくなり、打ちたい球筋も明確になるに違いありません。

アイアンのトスバッティングで、手足の間を身につける

ここからは実際に荒川先生が指導された練習法について、いくつか紹介しましょう。

野球にトスバッティングという練習があります。それと同じ要領で、体の近くの真正面から下手で軽くボールをトスしてもらい、それをアイアンのヘッドでコツンコツンと当てるのを繰り返します。

実は私も上田桃子プロも、最初はなかなかできなかったのですが、荒川先生の上手いことには驚かされました。元プロ野球選手ですから当然でしょうが、どこにボールを投げてもフェース面でしっかりボールをつかまえるのです。

荒川先生と私たちの違いは、クラブを振っているかどうかにありました。というのも私たちは、どうしてもクラブを振ってボールに当てようとします。と

ころが先生はボールに向かってクラブヘッドを一直線に出すだけで、だからコツコツと当てるのです。しかも当たった後には、きちんと手や腕をしぼって真っ直ぐにボールを飛ばすのです。クラブを振る私たちにはどうしても反動が現れ、空振りか、当たっても当たり損ないになってしまいます。普通は胸元あたりに投げるのですが、一度、誤ってひざ下に投げたとき、止まったボールを打ったかのような見事な打球を放ったのには驚かされました。

この練習で荒川先生が私たちに教えたかったのは、ダウンブローやクラブコントロール、芯で打つことではなく**「手足の間」**と呼ばれるものでした。ちょうど剣道で「面《めん》」の声と一緒に、足と手が出る打ち方です。プロであっても多くのゴルファーのスウィングは、ダウンスウィングで足が出て、それから振る、という間違いがありますが、それを矯正するための練習でした。

さすがにアマチュアのみなさんにはクラブでは無理でしょうから、野球のバットでやってみましょう。声と一緒にバットとボールが当たればＯＫです。

アゴの下に1本のロープを張って、究極のインサイドインを身につける

これは試合会場でも、私が選手たちにやらせることの多い、王さんから教わったヒントで考えた練習です。まず腰の高さに、飛球線と平行にロープを張ります。腕の長さやアドレス時の前傾角にもよりますが、ロープはアゴの下、グリップはアゴの下か肩の下で、少なくともアゴの前には出ないようにアドレスします。つまりクラブは、ロープの手前側にセットすることになります。

その状態でクラブがロープに当たらないよう、スウィングしましょう。ダウンスウィングで手元がロープの外側、クラブが外から下りてロープに当たったら、アウトサイドイン軌道。インパクトからフォローにかけて左ひじが折れる、左脇が開く、左腰が開くなどして、ボールにあわせる以外にはありません。インサイドに引くしかありませんから、カット軌道でスライスボールになります。

一方、クラブがインサイドに下りたものの、手元が浮いてロープにぶつかるのは極端なインサイドアウト。右にすっぽ抜けてしまうためにフェースを返さなければなりません。これがしぼりではない、こねるです。

いずれにせよ、**このロープに当たらないように振るのは、かなり窮屈なスウィングだと感じることでしょう。しかし、その窮屈こそが、臍下丹田に氣の鎮められた、氣の充実したスウィングです。**

クラブがロープに当たらない
ようにスウィングする。
この窮屈さは氣の充実したス
ウィングになる
ロープ

30回10セットの1日300回、ひと呼吸での連続素振り

荒川先生がとても大事にしていた練習が、素振りとランニングでした。時代錯誤の練習と感じる人がいるかもしれませんが、**「走る、歩くは人間が自分の体を使いこなすための基本の動きであり、素振りは野球でもゴルフでも競技の特性にあった体の使い方を身につけるもの」**という、単純にして明快、なにより強い信念をお持ちでした。もっとも荒川先生が近代的で科学的な最新のトレーニングを否定していたわけではなく、研究熱心でいろいろなスポーツ、さまざまな練習法を勉強していたこともつけ加えておきます。

それはともかく荒川先生に最初に指導を受けたとき、最初に命じられたのが素振りでした。先生がいうには

「現役時代の王と長嶋は、1日300回はバットを振った」

正直、私は「３００回くらいの素振りなんて朝飯前」くらいに軽く思っており、思い出すたびに恥ずかしくなります。

先生に命じられた素振りとは、**ひと呼吸、つまり呼吸を止めての連続素振り**でした。王さんと長嶋さんの３００回というのは、ひと呼吸で30回を10セットの３００回だったというのです。私は上田桃子プロと一緒にやらされたのですが、２人とも7回振るのが精一杯。その日はハーフを回り、ティーイングエリアごとにクラブを振るのですが、最後はようやく11回できただけで、それでも１００回にも達しません。にもかかわらず翌日は２人とも筋肉痛、特に内転筋の痛みがひどく練習できないほどでした。

ひと呼吸の連続素振りには、いろんな効果が考えられます。ひとつは**スウィングに相応しい動きを覚え、筋肉を鍛えることでしょうし、スウィングからリキみと〝角〟を取り除いてくれます。**また集中力も高まります。ただ、そうした言葉で理解する以上に、氣というものがより理解できる練習のような気がしてなりません。氣が抜けてはできない練習だからです。

名刺で割り箸を切る
上田桃子プロと筆者

第3章

荒川語録が伝える打撃の極意

～荒川博が遺した18の名言と箴言～

荒川語録1

「法螺《ほら》だって、吹き続けたら、ホラ見たことか」

荒川先生が巨人軍のコーチになったのは、1961年（昭和36年）のオフ、当時の川上哲治監督に、「王を育てよ」の命令を受けての就任でした。王とは、いうまでもなく後に世界のホームラン王になる王貞治さんです。当時、王さんは入団3年目。荒川先生の母校でもある早稲田実業から、甲子園優勝投手として鳴り物入りで入団したものの、すでに投手から打者に転向していました。

翌年、開幕戦から４番を任された王さんですが、３ヶ月をすぎても、そのバットからは快音が聞かれません。当時、スタンドから聞こえてきたのは、「王、王、三振王！」という口汚い野次。敗戦が続くと、自然と王さん、そして王さんの打撃コーチである荒川先生に批判の矛先が向かいます。

「王が打たないから勝てないんだ」という、ほかのコーチからの厳しい叱責に対し、当時、31歳だった荒川先生が言い返した言葉が、

「三冠王を目指しています。ホームランだったらいつでも打たせられます」

会議の翌日、昭和37年7月1日、王さんは一本足打法で初ホームランを記録します。

「法螺だって、吹き続ければホラ見たことかになる。なにせ入団から3年で37本しかホームランを打っていない王に、オレがいった言葉は〝ベーブ・ルースの世界記録（714本）を抜くぞ〟、だったから」

王さんのホームラン王伝説は、ここから始まりました。

プロなら優勝、アマチュアなら100を切るでも90を切るでも、少し高い目標を掲げ、堂々と法螺を吹くことも大事なことです。

荒川語録2

「ホームランはヒットの延長だって？なにをいってるんだ。ホームランはバントの延長だよ」

荒川先生は「ホームランはバントの延長」と、よくおっしゃっていました。あとで知った話ですが、野球の世界ではほとんど使わなかった言葉のようです。では、どこで使ったかといえば、ゴルフ雑誌の対談や連載だったり、私たちを指導する場でした。つまりゴルファーへの箴言《しんげん》だったわけです。

では、どのようなメッセージだったのでしょうか。

荒川先生は、ドライバーで大振りする練習ばかりすることが、ゴルファーの多くが上達しない理由だと見抜いていました。それはプロもアマも関係ありません。先生は飛距離がゴルフの最大の魅力だと十分知っていましたが、飛ばそうとリキむこと、大振りすることが、かえって体のムダな動きを生み、飛ばない原因であることも知っていました。

その上で野球のバントについて考えてみます。

バントはすでにインパクトの形を作った構えです。ハンドファーストに加え、右打者であれば左足の前、かつ体の真正面でボールをつかまえる構えです。しかもバットを後ろに引く反動もありません。ボールに向かってバットを出すだけです。しかもバットの芯でボールの芯をつかまえるという、打撃の基本中の基本にもなっています。

すでに紹介したハンドファーストのインパクトの形をつくり、バックスウィングなしでボールを真っ直ぐに転がす練習は先生の言葉の真意を解釈し、私がゴルフに応用したものです。ボールを真っ直ぐ転がすには、臍下丹田にある氣が重要なこともわかる練習になっています。

荒川語録3

「力は抜いても氣は抜くな。痛みはリキんだところに顔を出す」

氣と力の関係をよく表した言葉だと思います。一緒にすでに紹介した「リキみはブレーキ、脱力はアクセル」という言葉も覚えておきましょう。

さらに痛みはリキんだところに顔を出す、という言葉も、選手を指導する立場には、妙に心に響きました。そうなのです。ひじや首など故障を抱える選手も多いのですが、その原因がリキみであり、リキみが生む不自然な体の動きであることも少なくありません。

ところが、力を抜けというと、全身を脱力させて、立ってしまう人がいます。先生は氣が抜けた状態を、「だらしない」と表現しました。

下半身に力を入れろ、というのではありません。臍下丹田に意識を集中、そこに氣を鎮めれば、おのずと下半身はどっしりします。

「姿勢とは勢いのある姿」もまた荒川先生の遺した言葉です。

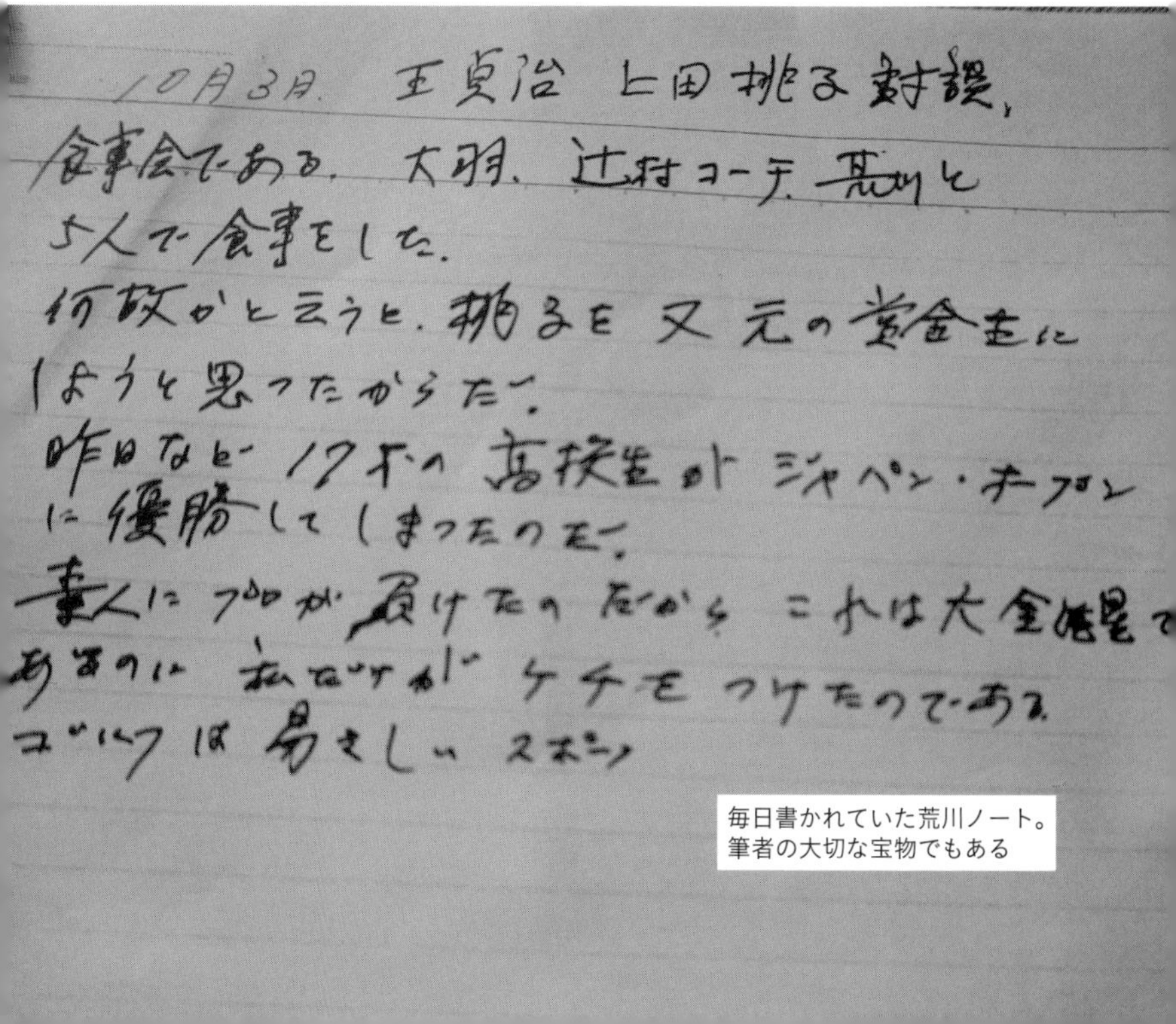
10月3日 王貞治 上田桃子 対談、
食事会である。大羽、辻村コーチ 荒川と
5人で食事をした。
何故かと云うと、桃子を又元の賞金王に
しようと思ったからだ。
昨日など 17才の高校生が ジャパン・オープン
に優勝してしまったのだ。
素人にプロが負けたのだから これは大金星で
あるのに 私なんかが ケチをつけたのである
ゴルフは 易しい スポーツ

毎日書かれていた荒川ノート。
筆者の大切な宝物でもある

荒川語録4

「窮屈を恐れるな。流し打ちは脇の甘い、ラクな打ち方」

上田桃子プロが初めて荒川先生にお会いしたとき、立ち方の次に指摘されたのがボールポジションでした。もっと近く、そしてもっと体の中（右）に。それぞれ、ちょうどボール1個分くらいだったと思います。

プロにとってボール1個分はとにかく大きな距離で、これを変えるにはかなりの勇気が求められます。言葉にこそ出しませんでしたが上田プロは、私に向かって困った表情で「これでは打てません」と目配せしたものでした。ちなみに先生とゴルフ雑誌の連載で対談した片山（晋呉）先輩も、最初に指摘されたのがボールポジションだったそうです。

荒川先生の指導に共通するキーワードは、窮屈でした。王さんが1メートルの距離でカベに正対してバットを振ったのも窮屈なら、藁の束を斬らせたのも窮屈。そしてボール1個分近く、中に入れるのも窮屈です。

選手は調子が良くなってクラブが振れてくると、ボールを遠くに左に置く傾向があります。それはよく振れる気持ち良さに負けて、もっと振ろう、もっと飛ばそうとなるからです。実はそこからスランプが始まることも少なくありません。

これを荒川先生は、「野球にたとえると流し打ちに慣れてしまったようなもの。窮屈を忘れた流し打ちは、出会い頭でヒットは打てても、一流打者にはなれない」と一刀両断したものです。つまりラクな打ち方、だというわけです。たしかにボールを遠く、左にすれば、当たる当たらない、飛ぶ飛ばないはともかくとして、脇が開いて楽に振れます。脇が甘い、とはそういうことです。

荒川語録5

「バランスは人に壊されるんじゃない、自分で崩しているんだ」

ゴルフに限らずスポーツのコーチングは、どうしても体の動きばかりに目がいきがちです。ところが体ではなく、氣の動きに着目した荒川先生の教えはとても新鮮なものでした。

荒川理論とは、突き詰めれば「氣の届く範囲で、氣の枠のなかでスウィングする」というものです。バックスウィングのオーバースウィングやスウェイ、ダウンスウィングでの右脇の開きや左ひじの折れ、あるいはグラついたフィニッシュは、すべて氣の届かない、氣の枠から外れたスウィングということになります。この際、氣の充実とはバランスと言い換えてもいいかと思いますが、このバランスについて遺した先生の言葉でした。

バランスは氣の存在を知らない、氣を臍下丹田に鎮める方法を知らないために、自分で崩していることを肝に銘じるべきでしょう。

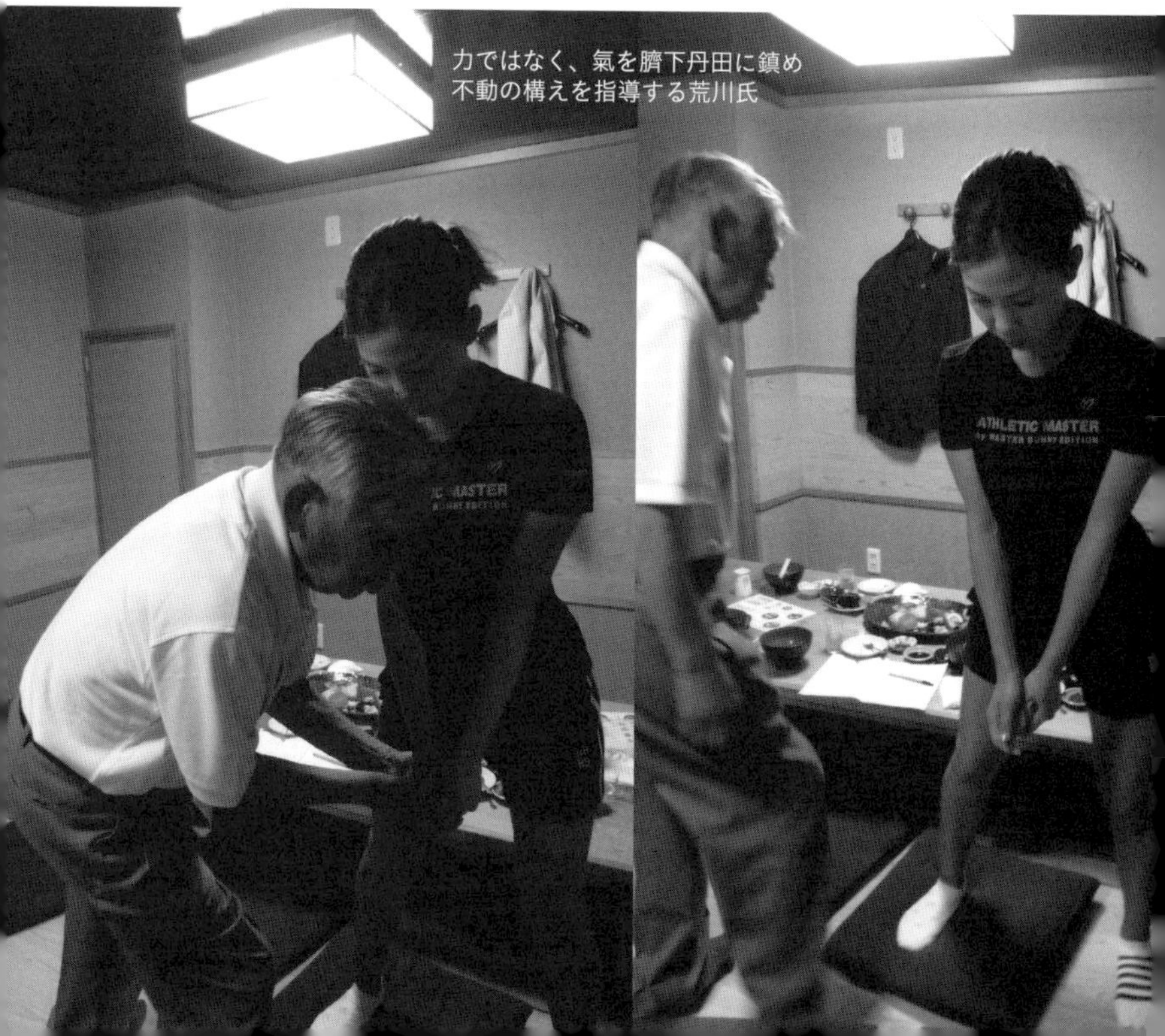

力ではなく、氣を臍下丹田に鎮め
不動の構えを指導する荒川氏

荒川語録6

「大事なのは左右のバランス。どうして弱い方に合わせないんだ？」

「バランスは人に壊されるのではなく、自分で崩す」という先生の言葉は、次のエピソードから生まれたものでした。荒川先生が王さんらに、真剣で藁の束を斬らせたのは、すでに何度も述べています。そのとき、指導を求めて足を運んだのが、剣聖と呼ばれた羽賀《はが》準一《じゅんいち》先生の道場でした。

最初の1週間、王さんは力任せに斬ろうとするのですが、何度やっても刃は藁に食い込みません。襲ってくるのは筋肉痛だけだったそうです。そんなある日、力任せに振る王さんに、羽賀準一先生がしたアドバイスが、「剣を持つにはなにより左右のバランスが大事」というものでした。

王さんは左利きで、当然、握力が強いのは左手です。そして続けたのが、

「だったら弱い右手に合わせればいいじゃないか」

という言葉だったそうです。

そのアドバイスどおりに王さんが真剣を振ると、初めて藁の束がスパッと斬れた、というのです。すでに藁を斬る氣の出し方を知っていた荒川先生でしたが、この言葉には目からウロコでした。同じ左利きの荒川先生も同じように左手の力を抜き、右手に合わせて真剣を振ってみると、これまで以上に軽く、そして鋭く藁の束が真っ二つに斬れたといいます。

これはゴルフのスウィングにも、とても重要なことです。ゴルフは左サイドが大事といわれますが、それは多くの右利きにとって「力の弱い左に合わせろ」という意味にもとれます。どうしても強い右手に頼るのではなく、弱い左手に合わせるという発想も必要ではないでしょうか。

荒川語録7

「臍下の一点から動き出せば、陽の光より速く振れる」

荒川先生が師事したのが、合氣道の創始者である植芝盛平《うえしばもりへい》先生でした。先生は名優と謳われた六代目・尾上菊五郎《おのえきくごろう》が好きで、その身のこなしを野球に応用できないかと考えていました。その菊五郎が指導を受けていたのが植芝先生です。前出の剣聖・羽賀先生との関係でいえば、合氣道の力がどれほどのものかと、植芝先生の寝込みを襲ったのが羽賀先生でした。ところが一瞬のうちに羽交い締めにされ、そのまま植芝先生に弟子入りしたそうです。

さて、荒川先生が植芝先生の門を叩いたのはプロ入り4年目の27歳で、対する植芝先生は73歳。次から次へと弟子をポンポンと投げ、最後は5人がかりでかかってきた弟子を投げ飛ばす様に、荒川先生は「事前に打ち合わせした八百長」だと思ったそうです。

ところが2ヶ月ほど道場に通うと、野球がどういうものか知らない植芝先生は、荒川先生に木刀を渡し「野球の動きで私の腹を叩いてみなさい」といったそうです。手を抜くのも失礼と荒川先生がお腹をめがけて振ると……次の瞬間、はじき飛ばされていたのは荒川先生だったそうです。

さて、その荒川先生と王さんに、植芝先生は「勝速日」という書を贈ってくれたそうです。これは日の光よりも速くバットを振る、という意味だそうです。そして、そのために重要なのが、ただひとつ「臍下の一点から動き出す」ということでした。その言葉を受けて荒川先生はいいます。

「信じる信じないは勝手。だが、信じようが信じまいが、氣はたしかに存在し、王はものすごいスピードでバットを振った」

荒川語録8

「スウィングは球に踊らされるな。振ればそこに球がある」

「ボールをよく見ろ」は、氣が散る行為につながりかねません。そこで「ボールは心眼で見るもの」という、荒川先生の考え方はすでに述べました。それを踏まえた上で、この荒川先生の言葉に耳を傾けましょう。

ヘソとボールを氣で結び、その氣の届く、氣の枠内でクラブを振れば、その途中にインパクトがある、というのが荒川先生の基本的な考え方でした。

上手に打とう、上手く当てよう、あるいはもっと飛ばそうという欲や、曲がったらどうしよう、左のＯＢが怖いといった不安は、ボールがあなたに語りかける言葉です。荒川先生はこれを「ボールに踊らされている」と表現しました。

さて、前出の植芝先生は野球のバッティングの本質を、

「そう難しく考えることはない。ただ来た球を打てばいい」

と、荒川先生にいったそうです。どう打とうか、どうバットを振ろうか、どうしたら打てるのか。それればかり考えていた荒川先生は、後頭部をハンマーで殴られたような気がした、と振り返っています。

すでにアドレスであれこれ考えるのは、体にムダなリキみを生み、それは当然、体の不自然な動きにつながります。合氣道でも柔道、剣道でも、構えた瞬間に勝負が決まっているというのは、臍下丹田に氣が鎮められ、そこから強い氣が発せられるからです。

なにはともあれアドレスでは、ヘソとボールを氣で結ぶ一点に意識を集中させましょう。

荒川語録9

「ゴルフではクラブヘッドの先までが手の内だということ」

アベレージゴルファーとプロや上級者の大きな違いは、フェース面のどこにボールが当たったかが分かるかどうかです。ボールを打ち終わった直後にプロや上級者が「先っぽに当たった」「ちょっとヒール気味」というのに対し、なかなか上達しない人はフェース面を確認しないと、どこに当たったかわかりません。もっともフェースのいろんなところにキズがあって、どこで打ったかわからない人もいるでしょうが……。

「シャフトは腕、フェース面は手のひら。それがクラブを手の内に収めたこと」と、先生はいいます。そのために重要なのがグリップを柔らかく握ること、短く持つこと、そして素振りの3点です。グリップは強く握るほど、ヘッドの重さが感じられなくなります。それでは芯がどこにあるかもわかりません。道具はその道具にあった必要最小限の力で握るものです。そのためには上から押さえつけるのではなく、下から優しく、小指の方から順番に握ります。

短く持つのは、たとえば箸で豆をつかむ場合、菜箸のような長い箸がいいのか、普段使っている短い箸がいいのか、という問題です。また箸で豆をつかむとき、グリップがどうだ、箸が豆に向かう角度は……などと、小難しいことを考えるでしょうか。手の内とは道具を体の一部にすることです。ちなみに武士が短い脇差しを入れるのは、長い本差しの予備ではなく、多くの場合、未熟で本差しを使いこなせないからだったとも先生から教わりました。

少しでも飛ぶ気がして、小指をグリップエンドからかけたり、外したりするのは、その時点で手の外になっています。

荒川語録10

「肉ではなく骨を動かす意識。だからコツ」

なにごとにも突然、上達したり、ある技術を習得する瞬間があります。ゴルフもまた例外ではありません。なにかしらのコツをつかむ瞬間です。

氣について、私などは荒川先生のレベルにはとうてい達しませんが、しかし氣によってスウィングする、コツのようなものをつかんだ時期がありました。

それは荒川先生の次のひと言によってです。

「筋肉ではなく、骨を動かすつもりでバックスウィングをしたらどうだ」

最初の頃は、氣ばかりに気がいってしまい、「氣を入れよう、氣を臍下丹田に鎮めよう」と思えば思うほど体のどこかに力が入り、スムーズなスウィングができなくなったばかりか、あっちこっちに意図しない方向にボールが散らばるようになってしまいました。どうやら、それは誰もが通る道のようですが、そんな私を見かねたのでしょう。

そこでいわれた通り、骨を動かす意識を持ったところ、たしかにスウィングがスムーズに。先生が続けたのが、「それがコツだ」。最初は冗談をいっているのかと思いましたが、先生によれば弓道では手や腕の力ではなく、肋骨や肩甲骨を広げて弓を引くそうです。この体を左右に広げる動きを、武道では割れというのだそうです。そして先生がおっしゃるには、

「強い球を打てる選手かどうかは、この割れができるかどうか」

いずれにしても、骨はコツ。筋肉の動きではなく、少しそんな意識を持つだけでムダなリキみがとれるかもしれません。

荒川語録11

「武道でも芸事でも、大事なのは足の親指つけ根。クラブは足の親指で振れ！」

王さんは東京にいるときはほぼ毎日、荒川先生の自宅、いわゆる荒川道場でバットを振ったそうです。人気選手ゆえの忙しさから、深夜の2時、3時に来ては、そこから2~3時間、振ることもありました。道場は畳の和室。王さんは裸足でバットを振るのですが、その回転の鋭さですぐに畳は傷み、破れてしまったそうです。どこが傷むかといえば、左利きの王さんが踏み込む右足の親指のつけ根部分。この踏み込んだ畳部分はたった1日でダメになり、穴があくこともしばしばでした。

傷んでいない場所を探して振らせるのですが、1畳の寿命は、表と裏でそれぞれ1週間。8畳間は1年に三度は新しい畳に換えられたそうです。冬になると畳は、王さんの血で真っ赤に染まったといいます。それでも先生は、

「三冠王になれるんだったら、足の指の1本くらいはなくなったっていいだろう」

話を聞いただけで、その迫力には圧倒されたものです。

さて、ある宴席で芸者さんに、先生はこんな質問をしました。

「その達者な踊りは、どうやったら踊れるのか？」

すると芸者さんは、こう答えたそうです。

「一流の芸者は足で、それも親指で踊るもの」

先生はバックスウィングは右足の親指つけ根から、ダウンスウィングは左足の親指つけ根に重心を移動させます。「クラブは足の親指で振れ！」といったのは、そういう経験があったからです。

荒川語録12

「打った直後に歩けるか。踏み込んだ左足かかとは、紙1枚分浮かせておけ」

「南アフリカの黒豹」と異名をとったG《ゲーリー》・プレーヤーが来日した際、荒川先生はお話しする機会があったそうです。そのとき、先生が受けたアドバイスは、「打った後に、そのまま歩けるようにスウィングしろ」というものだったそうです。

ゴルフでも研究熱心だった先生のこと。この言葉にいくつもの、スウィングの真理を感じた、といいます。

たとえばそれは、リキみなく、軽く振る力感だったり、ムダのないエネルギー効率だったり、あるいはスムーズな体の回転だったり。そんななかで先生が氣づいたのが、先生が重要視している踏み込んだ左足の使い方でした。

「足の親指つけ根でクラブを振れ」は、すでに紹介した先生の名言ですが、左足は「かかと体重で踏み込むのはもちろんのこと、振り終わってかかと体重で立っていれば、そのまま歩くことなどできない」。そこから生まれたのが、「踏み込んだ左足のかかとは、紙1枚分浮かせておけ」でした。

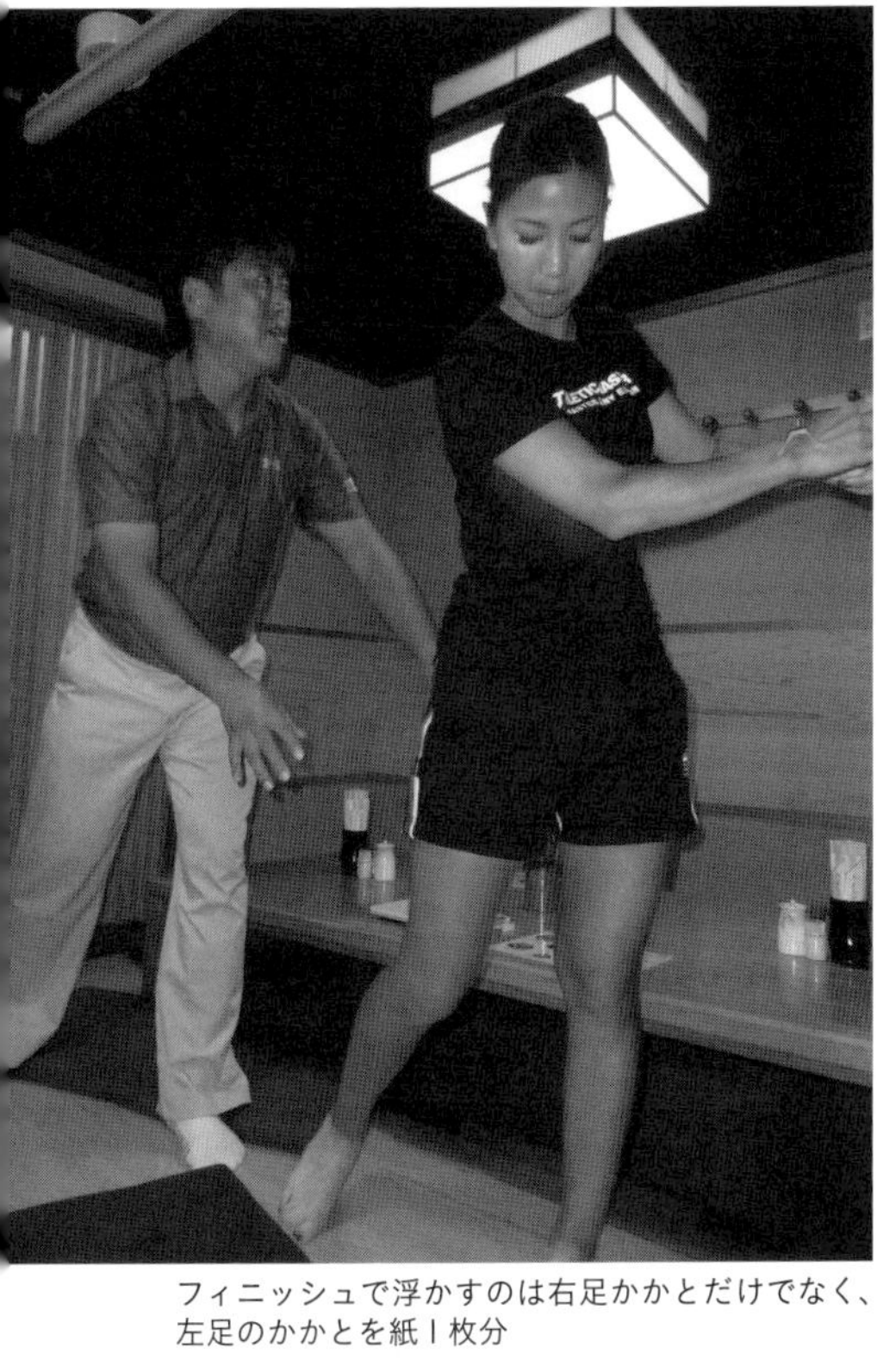
フィニッシュで浮かすのは右足かかとだけでなく、左足のかかとを紙1枚分

荒川語録13

「間なんていっているうちはヘボ。究極の間は五体の間」

前出の植芝先生の合氣道の道場に通い始めた当時、荒川先生はこんな質問をしたそうです。

「体の小さい日本人が外国人選手に勝つためには、間のとり方にヒントがあるのではないですか？」

ところが植芝先生は、答えたのは、

「あんた、間なんて考えているうちはヘボですよ。間なんてことを考えなくなって、初めて本物と呼べるんです」

そもそもなにかを考えているとき、氣は上にのぼって体にリキみが生じます。剣道では「面」の掛け声と一緒に、足と竹刀を持った手が一緒に出ます。これが手足一体の間で、私たちが練習で声を出しながら、ひと呼吸でボールを打つのはこれを身につける練習でした。

しかし、さらに進んで先生がいうのは五体の間。五体とは手、足、胴体、心、頭（脳）のことで、究極はこれがすべて一緒に、一瞬にして、しかも考える前に動く、というものです。そして、それを動かすのは臍下丹田に鎮められた氣であることはいうまでもありません。

植芝先生のいう「間を考えているうちはヘボ」とは、そういう意味なのでしょう。

もちろん、私がこの五体の間を身につけたわけではありません。しかし、声を出しながらひと呼吸でボールを打つ、手足一体の間の練習をひたすら続けることで、少しでもそのレベルに近づきたいとは思っています。

荒川語録14

「アマチュアに大事な間は、タイミングではなく、体とボールとの間合い」

間というと、多くの人はタイミングのことを考えるのではないでしょうか。タイミングとは時〝間〟です。

しかし、アマチュアにとってタイミングより大事な間がある、と荒川先生はおっしゃいました。それは体とボールとの間合いです。体とは人〝間〟、その人間とボールの距離は空〝間〟。いずれも間という文字が使われています。

「そもそもアマチュアの多くは、氣の届かないところにボールを置いて構えている」

というのが、荒川先生の考え方でした。

間に合わない、というわけです。

インパクトの形をつくり、そこに臍下丹田にある氣が、手から腕、シャフト、ヘッドを通じてボールにつながっているか。毎ショット、それを確認することはとても重要です。

さらに一歩進んでアプローチでは、自分とボールとの間合いについて、こんな実践的なアドバイスも遺してくれました。

「初速の速い強いボールが打ちたかったら間合いを詰め、ゆっくり初速の遅い、柔らかいボールが打ちたかったら少しボールから離れて間合いをとれ」

いずれにしても、氣がどのくらいの強さで放出され、どのくらいの強さでボールにぶつかるのか。そんな意識をしながら、間合いをとってみましょう。間に合うとは、打ちたいボールに対して体とボールの距離が、適切、最適な状態を指しています。

荒川語録15

「体が疲れたら裸足で走れ。足裏を刺激すれば、自ずと感性も高まる」

スポーツには、心技体が求められます。意外と思われるかもしれませんが、荒川先生は
「まず最初にあるのは体。体は土台であって、その上に乗るのが心と技」
と、考えていました。その体の、さらに土台部分となるのが足腰です。
「時代錯誤と思われるかもしれないが、走ることはどんな筋トレよりも優れた

トレーニング。特に疲れたときは、ランニングが効果的だ」と、いっていたものです。野球では夏場に入る7月から8月、9月の終盤戦になると疲れが出て、バットのヘッドが垂れてくる、つまりドアスウィングになる選手が多いといいます。ちなみにV9時代の巨人で、夏を乗り切るために一番走ったのがＯＮと、４００勝投手の金田正一《かねだしょういち》さんだったそうです。ちなみに私が高校生の頃から指導している小祝さくらは、指導する条件のひとつが「毎日走ること」でした。雨の日も雪の日も、初優勝した夜も、彼女が走っていたことをつけ加えておきます。

さらに足腰を支えるのが足裏ですが、

「多くの武道が裸足で稽古をするのは、足裏には刺激すれば感性が高まるツボが集まっているからだ。さすがに裸足で走れとはいえないが、ゴルフコースの芝の上なら、足袋でも履いて歩くだけでも気持ちがいいだろう」

さすがに裸足でコースを走ったことはありませんが、立ち方が悪くなったり、不調になった選手には、裸足で素振りさせたり、ボールを打たせています。試してみる価値はあります。

荒川語録16

「氣が心を動かし、心が体を動かす。氣はすべてのエネルギー源」

私が先生から教わった言葉で、大好きなものが「氣が心を動かし、心が体を動かす」というものです。心技体において体は技と心を支える土台でした。しかし、その体を動かすのが心であり、心を動かすのが氣です。そういう意味で氣は、私たちを動かすすべてのエネルギー源といっていいでしょう。ものすごいエネルギーを持つ氣ですが、川にたとえると清流です。激流でも濁流でもありません。

「氣は真っ直ぐに、正しく出しなさい」

とも繰り返しました。

氣はまだまだ科学では証明できない、つまり人間の叡智《えいち》では測り知れないエネルギーです。純粋な目標、夢に向かって、真っ直ぐ正しく使いなさいというのも、荒川先生の哲学でした。

氣の流れは激流ではなく清流。氣は真っ直ぐに正しく出すことが重要

荒川語録17

「氣は満たすより、充ち満ちたイメージを持つことが大事」

野球では甘いボールがきて、「もらった！」と思った瞬間、凡打になる、ということがよくあるそうです。スウィングの軸である氣が一瞬にして上がり、それがリキみとムダな動きを生んでしまうからです。

「よくヒーローインタビューで、どんなボールを打ったのかと聞かれるが、正直、思いどおりのバッティングをしたときはなにも考えていないのが本当のとこだろう。無心というより、考えるより前にボールに向かってバットが出た。その結果がホームラン。臍下丹田に氣が満ちていれば、そういうことが本当に起きるんだよ」

レベルは違っても、またゴルフでなくても、そういう経験は読者のみなさんにもあるのではないでしょうか。ゴルフに限っていえば、妙にしっくりしたアドレスができたとき、スッとクラブが動いていい球が打てた、といったことがあります。そのとき、なにを考えていたかといえば、なにも思い出せないような無心だったことが多い気がします。

そうした無心をつくり出すのが、臍下丹田に氣が鎮められた状態ですが、先生はこれも禅問答のようなことをよくおっしゃられたものです。

「氣を満たそう、満たそうとするのは、まだ頭で考えている状態。氣が上にある。では、どうすれば氣が臍下丹田に鎮められるかといえば、より強く氣が充ち満ちた姿をイメージする以外に方法はない」

イメージは人それぞれで構いません。ヘソに手を当て、また、ベルトのバックルを叩くなどして氣の満ちた姿をイメージしてください。

荒川語録18

「真剣は鍛えるでもなく研ぐでもなく、ひたすら磨くこと」

いろんな練習をしてみたり、次々とクラブを変えては、新しい打ち方を試みるゴルファーは多いものです。

情報収集のアンテナが敏感で、研究熱心のようにも思いますが、先生はひと言、「氣の毒だ」とおっしゃったものです。

「磨くというのは、ただひたすら同じことを繰り返すこと。だから真剣は叩いて鍛えるでもない、研ぐでもない。ひたすら磨いて光らせるのだ」

私の本の内容を信じてください、というのではありません。氣があなたのゴルフを、格段に上達させるとも約束はできません。

ただ、この本を読んで少しでも氣になることがあったら、せめて3ヶ月は続けてみてください。少しでもみなさんのゴルフに、光が見えてくることだけはお約束します。

同じことをひたすら繰り返す。それが磨く。上達の唯一の方法だ

おわりに

初めてお会いしたときの荒川先生は84歳、好々爺と呼ぶに相応しい優しい表情をしておられました。

しかし、指導を受けるようになって、時折、見せる鋭い眼光に、体が震える思いをしたことは二度三度ではありません。

また、王さんを指導したときのぶ厚いノートには細かい字がビッシリ。その迫力にも驚かされましたが、わずかな指導期間にもかかわらず「上田ノート」と題したノートも存在し、的確できめ細かい分析には、ただただ脱帽したものです。

氣という、目には見えない不思議な力ばかりがフォーカスされがちな荒川先生ですが、冷静で鋭い観察眼を持った、より合理的な科学者としての一面を見た気がします。少なくとも先生にとって、「氣」はわけのわからないものではなく、その存在と力を証明すべき対象だったのでしょう。自らを実験台として合氣道に学び、剣術を練習に取り入れ、ときに歌舞伎役者の身のこなしや仕草に、理想の体の動きを見出そうとしました。

その実験が実を結んだのが、世界のホームラン王の誕生でした。

目を転じてゴルフ界で、荒川先生の壮大な実験を引き継ぐのが私の役目だと思っています。荒川先生は氣配りの人でもありました。いまもどこかで私たちの実験を信じて、見てくれていると信じています。

本書の出版にあたり日本文芸社の三浦昌彦さん、編集してくださった菊池企画の菊池真さん、先生とのご縁をつくっていただき、また構成を担当くださった大羽賢二さんには、この場を借りて深く御礼申し上げます。

令和元年　12月吉日

辻村明志

1975年福岡県生まれ。元《はじめ》ビルコート所属ツアープロコーチ。女子プロ界では、「辻にぃ」といわれている。美人プロとして名をはせた、辻村明須香さんの実兄。2019年は上田桃子、小祝さくら、永井花奈、松森彩夏プロをはじめ、18年の日本女子アマ、日本ジュニア二冠の吉田優利選手のコーチをしている。現役時代の王貞治選手の一本足打法を作り上げた故・荒川博氏に師事し、ゴルフの指導に取り入れたことは有名。上田桃子プロは、その教えにもとづいて指導を受けている。著書に『ゴルフ トッププロが信頼する！カリスマコーチが教える本当に強くなる基本』（河出書房新社）がある。

著者紹介

辻村 明志

（つじむら・はるゆき）

ゴルフのトップコーチが教《おし》える スウィングの真髄《しんずい》

2020年1月1日　第1刷発行

著　者　辻村《つじむら》　明志《はるゆき》

発行者　吉田　芳史

印刷所
製本所　株式会社廣済堂

発行所　株式会社 日本文芸社

〒135-0001　東京都江東区毛利2-10-18 OCMビル

TEL 03-5638-1660（代表）

URL　https://www.nihonbungeisha.co.jp/

Printed in Japan 112191216－112191216 Ⓝ 01　(210069)

ISBN978-4-537-21751-3

編集担当：三浦

STAFF

構成：大羽 賢二

撮影：野村誠一、大羽 賢二

協力：荒川博、上田桃子

編集協力：菊池企画

イラスト：鈴木真紀夫

装丁·本文デザイン·DTP：原沢もも

企画プロデュース：菊池 真